JN047464

老けない美容、老ける美容

神崎恵

講談社

Introduction

若い＝美しい。そんな言葉を幾度も耳にし、目にしながら私たちは育ったように思います。若さがあれば美しい。若さこそ、美しさの条件。だからそれが薄れるほどに、私たちは美しさもなくしていく。いつの間にか、しっかりと刷り込まれたこの価値観。10代・20代の頃は、それを疑うこともなかったように思います。あたり前のように、年をとれば、みな老けていくのだろう。そう決めつけていました。

　ですが、今、どうでしょう？　母をはじめ、仕事場などで出会う人生の先輩方は、年齢をしっかりと重ねていても、なお美しく輝いています。若いとか、若くないとか、そんな考えさえ浮かんでこないほどです。私自身、もうすぐ46歳になります。額や目まわりには、シワがいくつも刻まれているだろう。ほうれい線も出ている頃で、肌もそれなりにシワッとしていることだろう。もしかしたら髪はもっとゴワついて、うねりも強くなっているかもしれないな。若い頃、自分なりに思い描いていた46歳の自分。

　ですが今、面白いことに、あの頃予想していた46歳の自分とはまったく違う私がいます。もちろん、昔のような透明感や肌のボリュームがあるわけではありません。フェイスラインのもたつきも感じるし、顔も少し大きくなったような気がします。それなりに年齢を重

by MEGUMI KANZAKI

ねた顔や体にはなっていても、ツヤやハリ、なめらかさや明るさも「まあまあいいな」と思えている。予想していた「老い」とは現れ方もスピードもまったく違う年齢の重ね方ができているなと感じるのです。

ある双子の話を聞きました。同じ背丈と顔のふたり。20代半ばまでは、まったく同じ環境で、同じものを食べ、同じような生活リズムで育ちました。大学を卒業し、それぞれの生活が始まり数年後、ひとりは変わらずツヤとハリのある肌をしていて、ひとりはくすみ、シワが刻まれた肌。瓜二つだったふたりの容姿はまったく違うものになったという話です。20代までは生まれ持ったもの、30代からの顔や体は自分で育てるもの。私が感じていたことと、気持ちいいほどピタリときた話でした。

では、いったい何をしたら老けずにいることができるのでしょう？　それは、ちょっとしたコツをおさえたスキンケアやメイクです。大がかりなことではなく、だれでもすぐに試したり、取り入れたりすることができることばかりです。

私は仕事柄、いろいろな方法を知り、試すことができます。膨大な方法の中から、これはいいと思うものを厳選し続け、試し続けています。その中には、「本当にこんなことで肌や髪が変わるの？」というくらい、ささいな方法がたくさんあります。ですが、このささいな違いや意識の変化こそ、今、そして数年後の自分の肌や顔、髪や体を育てていく重要な工程なのです。髪やメイクの章では、たった1プロセスで、ドラマティックな変化を実感できる方法もご紹介しています。ちょっとした方法から、はっとするほどの変化を瞬間で見せてくれるものまで、どれもがぜひ試してほしい「老けないコツ」です。

そして、これから始まる「老けない美容」の前に、ひとつ私が今強く感じていることをお伝えしたいです。「老いること」。私はこれをネガティブなこととは思っていません。だれもが生きている限り年をとるのは自然なことです。ただ、今はその年のとり方を選べる時代になったと感じています。時間の流れに委ねながら、ナチュラルに年をとっていくこともいい。少しの美容や工夫を取り入れて、自分なりの年のとり方を選択してもいい。これからどんな自分で生きていくのかを自由に選んでいいのです。ただ、少しでも気持ちよく、明るく、前向きに自分らしく生きたいというときに、「美容」というものはとても大きな力になると確信しています。

鏡の中の自分にもやもやする気持ちが、ちょっとでも晴れたら。年をとるという不安が少しでも軽くなったら。明日も数年後も楽しいはず、と期待できるように。ひとつひとつのプロセスが、自分らしく生きるための小さなパワーになることができたのなら、それほど嬉しいことはありません。

Introduction

by MEGUMI KANZAKI

左と右の差は誰にでも起こり得る

年々「顔が変わってきたな」と感じることはありませんか？
姿勢や噛みグセ、生活する中でいつの間にかついてしまったクセによって、
顔は変化します。シワができたり、フェイスラインが歪んだりと
明らかに形が変わっていくのです。
肌を見ても同じように、紫外線やストレス、加齢によって
くすみ、シミやシワができ、肌表面は凸凹となめらかさを失っていく……。
ただ生きているだけで、老けていくのが現実です。
ですが、エイジング速度はゆるめることができます。
透明感を引き上げ、ツヤのあるハリ肌を育てることができるのです。
そして見せ方を覚えることで、さらに発光するようななめらかな肌や
きゅっと引き上がった顔を育てることができます。
お手入れ方法を知り、実行することで
いつまでも「今いちばんキレイな自分」でいることができるのです。

※左側の画像は加齢によって起こり得る変化をCG加工で表現したものです。

Contents

※商品の価格は税込み表示です。
※本書に掲載されている情報は2021年9月時点のものです。
商品やブランドについての情報は変更になる場合があります。

Prologue

Megumi's method

序章

私たちがキレイでいたい理由。
それは、若くいたいのではなく、できる限り笑顔が多く、
気持ちよく、自分らしく生きたいから。
ふと映る、電車の窓やエレベーターの鏡、
街中のガラス張りの中の自分に落ち込まなくて済むよう。
その姿にちょっと浮き立つ気分をもらえるよう、
キレイでいたいのです。
ここからご紹介する、小さく簡単なテクニックの数々。
簡単ながらも、変化の大きさは確かなものばかりです。

まずはひとつ。これならできそう。
これやってみたい。
心が動くひとつから、始めてください。

老けないために必要なこと。
それはボリュームと
ツヤのコントロール

ボリュームとは?

膨らませたばかりの風船をイメージしてください。
中には空気がぱんと満たされていて、表面はつるっとなめらか。ですが
徐々に空気が抜けていくと表面には小さなシワが目立ち、色もくすんで見えます。
この現象を肌に置き換えた場合、肌がボリュームを失ってしぼむことで
肌の下の骨格が浮き彫りになり、ゴツゴツとした印象まで加わります。
髪に関して言うと、トップの髪の適度なボリュームが特に重要です。
ヘアスタイルが立体的に決まるし、全身のバランスも整います。
髪のボリュームが適正にあれば、小顔効果も狙えるのです。

ツヤとは?

小ジワや毛穴の影など、肌のネガティブな要素を光でとばして
目立たなくするチカラがツヤにはあります。
そして肌にイキイキとした生命力を宿す効果も。髪も同様です。
さらに、ツヤにはあるべき丸みを強調して顔の立体感を際立たせる効果も！
だからこそ、ツヤは老け見えを回避するために
必要不可欠なのです。ツヤにもいろいろ種類がありますが、
追求すべきは、人工的なツヤではなく、
肌の奥底から湧き上がるような自然なツヤです。

髪　肌　メイク

ボリュームとツヤを出せばいい！

ハリやうるおいを失うことでしぼんだり、パサついたり。
こういったエイジングサインは、ツヤとボリュームで解消しましょう。
ケアやメイクを見直して、肌も髪もイキイキと！

髪 Hair

ボリューム

根元の髪の立ち上がりがスタイルを良く見せる

年齢を重ねるにつれ髪は痩せ、ハリ・コシは失われるもの。根元や毛先にボリュームがない状態（あえてのタイトヘアは別）だと、顔が大きく見えたり、頭の形が悪く見えたり、全身のバランスが悪くなったりすることも。頭皮のケアと根元を立ち上げるスタイリングで、ボリュームキープに努めて。

ツヤ

髪にツヤが満ちると肌の透明感もアップ

髪は加齢により、ツヤを失っていきます。加えて、繰り返すカラーリングや毎日の紫外線などの影響で、大人の髪はパサつきがち。だけど丁寧なケアを心がけ、ドライヤーやアイロンの使い方を工夫すれば、美しいツヤが育ちます。髪にツヤがあれば、相乗効果で肌の透明感も上がるのです。

肌

Skin Care

ボリューム

肌のハリ･弾力でフレッシュな印象に

内側から肌を持ち上げるような弾力やハリは、老け見え回避に欠かせない要素です。年齢を重ねるごとにしぼむ肌を復活させるため、スキンケアの〝効かせ方〟の見直しを！　ハリや弾力を育む美容液やクリームの力も賢く取り入れていきましょう。

ツヤ

みずみずしいツヤで肌のアラをカバー

ツヤがあれば、くすみやシミは目立たなくなります。スキンケアで水分や油分をしっかり入れ込み、肌をもちっとうるおわせましょう。効果的な手つきを覚えることでツヤは一層出すことができます。定期的に角質ケアを取り入れるのもオススメです。

メイク

Make-up

ボリューム

加齢で失われる立体感をメイクで補完

こめかみなど、加齢によって凹んだり削げたりする部分はハイライトを上手に使うことでふっくら見せることができます。さらに顔自体も年々平面的になっていくので、ハイライトやベースメイクの塗り方を工夫して、立体感を取り戻しましょう。

ツヤ

メイクのツヤは強弱のバランスが大切

頬の高い位置や鼻筋などには、ツヤが欠かせません。立体感が構築できるだけでなく、肌の透明感そのものが上がって見えます。ただし、アイメイクやリップメイクに関してだけは、ほどよくツヤを抑えておくのがポイント。顔の印象が老けません。

Hair

Megumi's method

第一章／

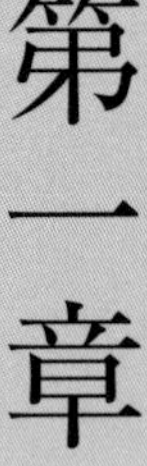

髪

髪は扱い方次第です。髪質で決まるものではありません。
どのように洗い、どのように乾かし、
どのようにスタイリングをするのか。
この扱い方の差が、美しさを左右します。
難しいことではありません。ちょっとした意識を加え、
手の動かし方を変えるだけです。

ブロー・スタイリングの完全プロセスは ▶**P180**へ

生まれた髪質をあきらめないこと

美しい印象の大半は髪で作ることができます。艶やかな髪は、肌に透明感を宿します。ボリュームのある髪は顔を立体的に、小さく見せ、全身の頭身バランスさえ変えて見せるのです。わきたつ空気にも品や清潔感、華を添えてくれます。自由に操ることができれば、「キレイ」を軽々と超え、さまざまな雰囲気や自分らしさという「美しさの核」を手に入れることができます。

とは言っても、そうそう簡単ではないのが「髪」。もともとの髪質や天候によって、悩みも複雑化し、扱いに悩まされるパーツでもあります。私も長年、「硬い」「太い」「多い」「クセ毛」「ドライ」といった五重苦に、気持ちを振り乱されてきました。それに加え、年齢を増すごとに増えていく悩み。白髪、抜け毛、コシやハリ、太さをなくしていくといった髪のエイジングも加わり、さらに髪のケアを研究し強化しているところです。

髪のケアの説明に入る前に、お伝えしたいことがあります。それは、もって生まれた自分の髪質をあきらめないこと。すでにお話ししたように、私の髪はクセがあり、ブローしなければ、スパイラルパーマのようなクセが出ます。幼いころはツヤもあり、くるくるといった愛らしい表現がしっくりくる髪でしたが、年齢を重ねるにつれて、ツヤはなくなり、うねりやゴワつきが強くなり、その触れ心地や見た目は日々私の心も肌もくもらせていきました。

もって

顔まわりを覆うように位置し、面積も広い。印象への影響力が大きいのに、肌や体とは違って、メイクをしたり、服を着たりと、何かを纏(まと)って錯覚させたりすることも難しい。縮毛矯正やストレートパーマ、ヘッドスパ、ケアアイテム……片っぱしから試し続けては失望していました。私の見た目に対する美容の中で、いちばん時間やお金をかけ心をくだいたのが髪といってもいいほどです。そうやって、ありとあらゆるものや、ことを試す中で発見したことがあります。髪は、髪質に関係なく美しくなるということ。必要なのは、正しい基本のケアと、その効果を引き上げるたった少しのコツだけ、です。

この章では、決して美しいとは言えない地毛と長年付き合う私が、「これ!」とおすすめしたい重要なポイントをすべてお伝えします。正直、はじめは「面倒」と思う方も多いかもしれません。でも、髪は急がば回れ。今までより、一見プロセスは増えたとしても、その仕上がりの美しさと満足感は、面倒くささを上回ってくれるでしょう。それにその面倒くささに慣れてしまえば、健康な歯や歯茎を保つためにちょっとだけコツがいる歯磨きと同じで、続けられます。面倒といっても、それほどの手間のものです。

まずは、試してほしい。今まで見たことのないツヤと感じたことのない触れ心地が体感できるはずです。

HAIR PROBLEMS :

髪が"老け見え"する理由

ボリューム問題

1 ぺたんこなトップと後頭部

トップと後頭部にボリュームが不足すると、本来丸くあるべき頭の輪郭がつぶされ、頭、顔の形が美しく見えません。加えて両方の横幅が強調されるため、頭と顔が大きく見えてしまいます。加齢とともに変わっていく肌や輪郭にこの髪のボリューム不足が加わると、さらに老け印象が高まります。正しい髪の乾かし方やスタイリングで、ボリュームの出し方を覚えましょう。

ツヤ問題

2 パサパサな表面と毛先

カラーリング、紫外線、そして加齢などによって髪表面のツヤは失われます。そしてそれは肌のツヤにも響くため、全体的に枯れた印象に。さらにカットで毛先をすきすぎたり、伸ばしっぱなしにすると広がりやうねりを加速させるし、清潔感も削がれてしまいます。肌のツヤと同様に、髪のツヤは大切なのです。

ツヤ問題

3 もやもやした顔まわりの毛

もみあげやえり足など、顔まわりの毛はクセが出やすく、汗や湿気でうねりやすい部分。ここがうねっていると、疲れて見えるし、パサつきと同じように全体の清潔感に響いてしまいます。スタイリング時にアイロンでしっかりツルンとした面に整えて。

髪は加齢でこうなる

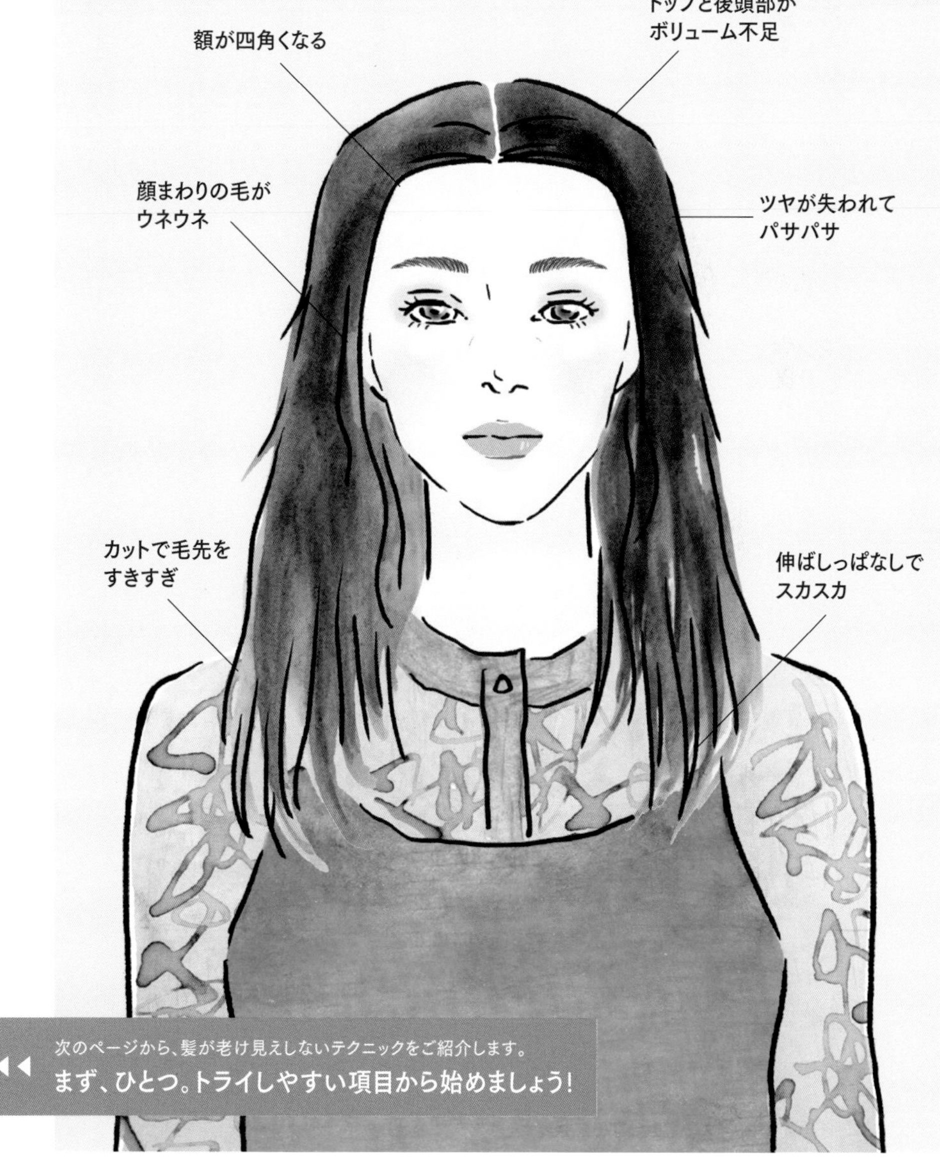

次のページから、髪が老け見えしないテクニックをご紹介します。
まず、ひとつ。トライしやすい項目から始めましょう!

を制する!

スタイリングの成否は、毛先ではなく根元の
扱い方が重要。また美しいツヤを手に入れるためには、
アイロンの〝熱〟を上手に使うことが大切です。

ボリュームは根元から!

髪型を立体的に見せるボリュームは、根元のコントロールが肝心。乾かす際には左の髪は右サイド、右の髪は左サイドへそれぞれ動かしながら、根元を中心にドライヤーの温風を当てて。根元の毛が自然に立ち上がります。

根元と熱を制する者は美髪

ツヤは熱で出す!

髪がうねったままだと光をキレイに反射しないため、ツヤが出にくい。そんなときには、髪にストレートアイロンを当てるのが早道。熱を加え、髪をまっすぐに整えることでキューティクルが整列し、面の整ったツヤ髪に。

ボリューム問題

シャンプーのときは髪より毛穴を洗う

オススメアイテム

頭皮を傷めず毛穴を洗えるシリコン製ブラシ。上から、uka スカルプブラシ ケンザン、同 ソフト 各¥2200／uka Tokyo head office

頭皮のエイジングケアも叶う。サブリミック アデノバイタル シャンプー 250㎖ ¥3300（サロン専売品）／資生堂プロフェッショナル

えり足付近は汗や皮脂がたまりやすく、さらに洗い残しやすいパーツ。シャワーヘッドを頭皮に近づけてしっかり洗い流しましょう。

ダメージを引き起こす毛穴詰まりをブロック！

毎日髪を洗っていても、毛穴が洗えていない人はとても多い。頭皮の毛穴に皮脂や汚れが残ったままだとボリュームダウンを引き起こすベタつきや抜け毛の原因に。だからシャンプーする際は、髪ではなく毛穴を洗うイメージで！
また、シャンプーの回数は泡立つかどうかで判断を。手順としては、ぬるま湯で十分に予洗いしたら、シャンプーを適量なじませます。その際にきちんと泡立てば、汚れが落ちているサイン。泡立たない場合は皮脂やスタイリング剤が落ちていないということなので、一旦流して再びシャンプーを。泡立たないからとシャンプーをつけ足す〝追いシャン〟は泡が硬くなり、洗い残しやすくなるため頭皮がきちんと洗えず、ニオイの原因にも。

ツヤ問題

トリートメントは もみ込む▶なじませる

オススメアイテム

クセ毛や剛毛が柔らかく、まとまりやすくなる。手触りもなめらかに。マスク オレオ リラックス 200mℓ ¥5500／ケラスターゼ

もみ込む前に

粗い歯の部分はトリートメントを塗布後になじませるコーミングに最適！　細かい歯の部分はタイトなスタイリングに◎。トリメンコーム¥990／ハホニコ

トリートメントをつけたら少量の毛束を取って軽くねじり、それを毛先まで手のひらで包んでなじませる。流す際は少量のお湯を毛束に含ませ、もみ込む。これを2～3回行う。

“効かせる”テクで髪をしっとりつややかに！

ツヤ髪育成にトリートメントは必須。だけど、ただ塗っただけでは、十分なツヤは出せません。**表面だけでなく、しっかり入れ込むことではじめて、髪内部が十分にうるおいます。**シャンプー後、まず頭皮につかないよう毛先中心にトリートメントを。次に全体にトリートメントが行き渡るようにコーミング。その後、ギュギュッと握りながらしっかり入れ込み、なじませていきます（コンディショナーも同様）。どんなトリートメントを選ぶかはその人の髪質や髪の状態次第ですが、髪がなかなか乾かない、アイロンを使う際に湯気が出る。こんな場合は、週に1～2度にしましょう。**仕上げにしっかりと流すことも大切です。**

ボリューム問題

乾かすときは"逆サイド"ブロー

NG!

**濡れた状態で
下方向に引っ張る**

まだ髪が濡れた状態のときに下方向に引っ張りながら乾かすと、毛穴が下向きに。全体的にボリュームがなくなり、ペタンコな状態に。

OK!

8割ほど乾いたら、右から左、左から右へと逆サイドにかき上げながらドライして根元を立ち上げる。特に根元に水分が残っているとうねりやすくなるので注意。

ドライヤーのかけ方次第で仕上がりの完成度が激変！

適切に乾かすことで、頭の形をキレイに、小さく見せることができます。まずは熱がこもりやすく乾きにくいえり足部分からスタート。左右のえり足部分がだいたい乾いたら、トップの髪を持ち上げて後頭部や側頭部の内側の髪を乾かします。全体が8割ほど乾いたら"逆サイド"ブローを。サイドの髪を反対方向に向かって手ぐしでかき上げながら根元を中心にドライヤーの風を当てましょう。髪を、生えている方向と逆方向に向かせることで、根元がふんわり、自然に立ち上がります。乾かす段階でトップのボリュームを潰してしまうと、アイロンを使ったとしても立ち上がりを復活させることはかなり難しい。乾かす時点からボリュームづくりは始まっています。

ツヤ問題

ドライヤーの最後は冷風締め!

冷風を上から当てながら、手ぐしで髪を下方向に軽く引っ張りながら行うと、毛先のまとまりがよくなるし、キューティクルが整列して美しいツヤになる。

冷風で美しいツヤと毛流れを形状記憶させる

ドライヤーの仕上げに、冷風に切り替えて〝冷風締め〟を行いましょう。髪には熱を加えることで形状が自在に変化し、冷やすことでその形状に固まるという性質があります。また、冷風を当てるとキューティクルが整列して、さらにツヤがアップ! 温風で髪を乾かした後は、冷風で締めてキレイな毛流れやツヤをキープしましょう。冷風締め完了のサインは、髪を触った際、熱を感じなくなったら。中でも首の後ろは熱気がこもりやすく汗などでうねりが発生しやすいので、念入りに。ちなみにアイロンはドライヤーに比べかなり高温。外気温との温度差があるため、あらためて冷風締めをせずとも髪の形状記憶が可能です。

ボリューム問題

スタイリング時は"ウニ(放射状)"を意識

SIDE

後頭部の髪もウニを意識。上方向に持ち上げながら、アイロンを毛先まですべらせて。

FRONT

頭頂部は真上、ハチ付近は斜め上へ持ち上げるように根元から毛先まで動かす。

イメージは"ウニ"! 放射状に持ち上げながら

アイロンを使ってスタイリングをする際は、必ず根元付近から髪をしっかり挟んで引っ張りながら(それだけでツヤも出ます)。毛先だけにアイロンを使ってもスタイルはキマりません。すべて下方向ではなく、頭の丸みに沿って角度を変えていくことが適度なボリュームのあるスタイルをつくる秘訣です。すべての髪を下方向に引っ張りながらアイロンを使うと、本来あるべきトップや後頭部のボリュームが潰れてしまいます。何より心がけたいのが、"ウニ"! ウニの殻のトゲは放射状についていますよね。あのイメージです。頭頂部は真上、そこからだんだん角度を変えながらスタイリングをしていきます。毛穴が正しい向きになるのでふんわり立ち上がります。

ツヤ問題

仕上げで熱（アイロン）を加える

アイロン前

BEFORE

▼

アイロン後

AFTER

アイロンを持っていない方の手で毛束を摑み、アイロンを先導するように根元付近から進行方向へとすべらせていく。毛先までまっすぐバラつかずに仕上がるテクニックです。

シャツのシワを伸ばすように髪をまっすぐつややかに

ドライヤーより温度の高いアイロンを根元から毛先まで通すと、キレイな面のツヤが生まれます。アイロンでシャツのシワを伸ばすのと一緒。多少髪がウネウネしていても、高熱を加えることで一瞬にしてまっすぐになるのです。アイロンの機種にもよりますが、ツヤを出すために最適な設定温度は180度前後。根元からゆっくり一定のスピード（私の場合は約5〜6秒）で移動させるのがポイントです。一度に大量の髪を挟むと、熱の伝わり方にムラが出てしまい、キレイな面になりません。アイロンのプレートに収まる幅で少量ずつ行いましょう。ストレートヘアのツヤを強化したい際は前ページで紹介した〝ウニ〟ではなく、下方向にとかすように動かしてOK。

ツヤ問題

顔まわりの毛は絶対うねらせない！

スタイルの完成度を左右する大事なパーツ

前髪、もみあげ、えり足は、湿気や汗で髪がうねって、もやもやしやすいエリア。この部分がうねったりゴワついたりしていると、肌の色が濁って見えてしまいます。たとえ他の部分を完璧に仕上げても、ヘアスタイルが野暮ったくなるというデメリットも。スタイリングの段階でしっかり整えておきましょう。夜にシャンプーする場合、これらのパーツには寝汗などの湿気で寝グセがつきやすい。その場合は寝グセ直しスプレーを使ったり、特に手強いクセがつきやすい前髪は根元から水で濡らしてドライヤーで乾かしながらクセをとっておきましょう。そのうえで、根元から毛先まで、まんべんなくアイロンをすべらせるのがポイントです。

3大もやもやゾーン

えり足

ヤケドに注意!

1

ブロッキングしてえり足から

ブロッキングをしたら、えり足部分にアイロンを。髪をひと束ずつしっかりと挟んで、真下ではなく、床と平行ぎみにアイロンをすべらせよう。

前髪

3

斜め下に向かってアイロンをすべらせて

根元から毛先まで、ゆっくりアイロンをすべらせてうねりを解消。反対側の手の指で前髪を挟み、アイロンを先導するとやりやすい。

もみあげ

2

アイロンを縦にしてすべらせる

サイドの毛とは別に、もみあげにピンポイントでアイロンを使う。ごく少量の毛束をとり、アイロンをゆっくり下方向にすべらせる。

ボリューム問題

何はなくとも毛先をひと巻き!

＼ ワンカールだけでこんなに変わる! ／

AFTER

BEFORE

毛先のたったひと巻きでスタイルの格が上がります

上の写真を見てください。BEFOREとAFTERの違いは、毛先を内巻きにワンカールしているかいないかだけ。それなのに印象は全然違いますよね？ BEFOREは毛先がバラついてキレイな立体感が出せず、髪型全体がキマりづらくなります。一方、AFTERは毛先をひと巻きしただけなのに、ボリュームを出せ、さらに〝髪質が良くなった〟かのようにも見えます。それは**アイロンを使うことで、毛先のカールのサイズが揃って髪全体に柔らかさや上品さが出せているから。**アイロンでのリバース巻きやフォワード巻きが苦手な人でもトライしやすいのが、この毛先のワンカール。**簡単でしかも短時間ででき、髪の長さも問わないのでオススメ！**

サイド

アイロンを真横にたおし、すべらせる

サイドの髪をひと束とり、根元にアイロンを当てて毛先付近まで軽くすべらせたら、毛先を内側にひと巻きして３秒キープ。

前髪

斜め下へと巻き、生えグセを補整する

前髪は真下ではなく斜め下方向へ。頭頂部より前の髪をアイロンで挟み、根元から毛先までアイロンをすべらせてからひと巻きする。

頭頂部

頭頂部付近は髪を上に持ち上げながら

頭頂部付近は特にボリュームが欲しい部分。上方向に引っ張りながら、アイロンを根元から毛先まですべらせた後、ワンカールする。

同じアイロンでも〝とる幅〟だけでボリュームは変えられる

髪を多くとるとゆるやかなカールに、少なくとれば細かいカール、と同じ直径のアイロンでも全体のボリュームや雰囲気を違うものにできます。

STYLE:01

ゆる巻き

7cm幅

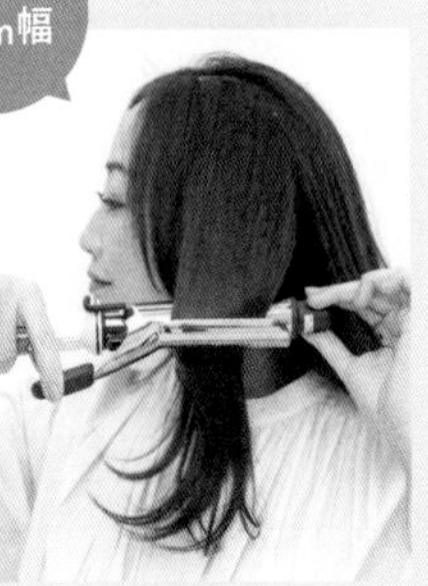

ゆるやかな毛流れのナチュラルカールに

一度に巻く髪の量が多いぶん、ゆるやかなカールに。髪の中間からすべらせながら巻くと、ツヤもしっかり出る。ブロッキング不要で、時短も叶う。

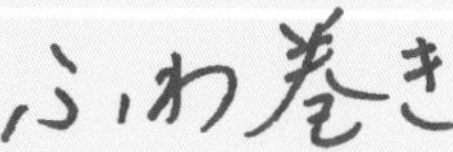

きちんとした印象の王道の巻き髪スタイル

一番ベーシックなのがコチラ。髪を頭頂部とその下部分にブロッキングして巻くことで、カールに動きが出やすく、立体的なスタイルに仕上がる。

3cm幅

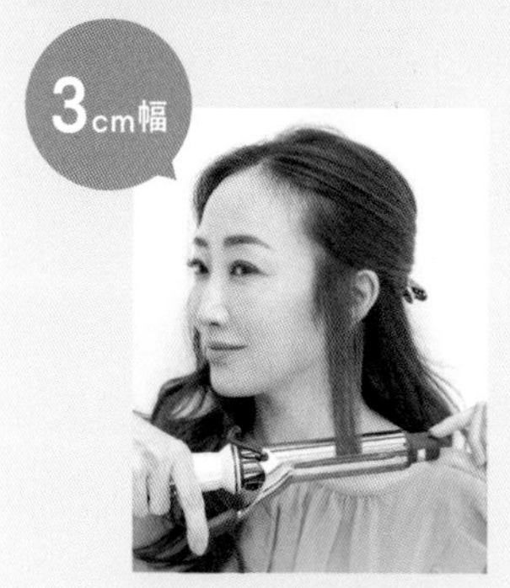

細かいカールが華やか! ボリュームもアップ

細かくブロッキングをして、少量ずつ巻いていく。仕上げに空気を含ませるようにしっかりほぐせば、ドラマティックなスタイルに。

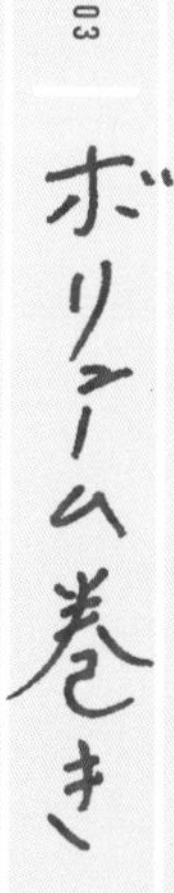

神崎的 ヘアツールの名品

クセ毛で多毛。そんな"難アリ"な私の髪を願った通りの質感やスタイルに変えてくれる名品たちを紹介。ツヤもボリュームも自由自在に操れます。

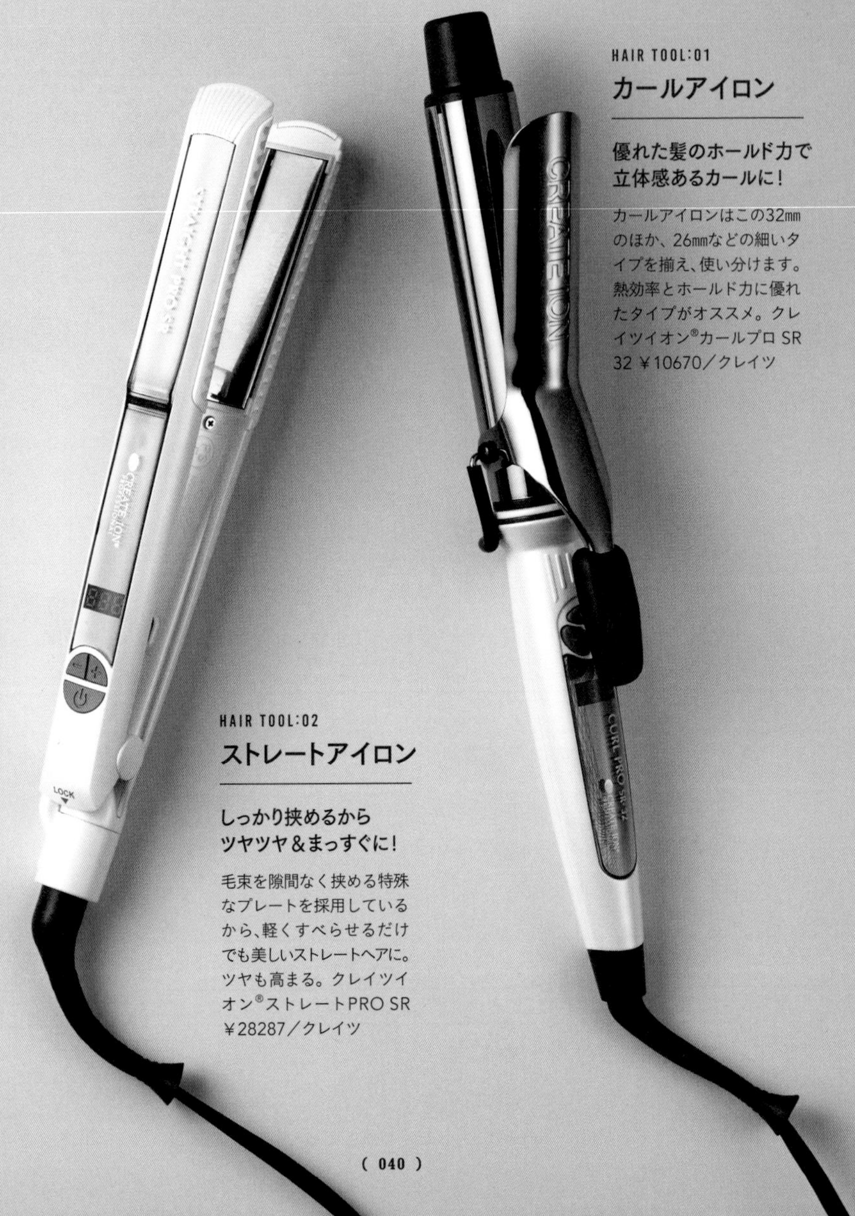

HAIR TOOL:01

カールアイロン

優れた髪のホールド力で立体感あるカールに！

カールアイロンはこの32㎜のほか、26㎜などの細いタイプを揃え、使い分けます。熱効率とホールド力に優れたタイプがオススメ。クレイツイオン®カールプロ SR 32 ￥10670／クレイツ

HAIR TOOL:02

ストレートアイロン

しっかり挟めるからツヤツヤ＆まっすぐに！

毛束を隙間なく挟める特殊なプレートを採用しているから、軽くすべらせるだけでも美しいストレートヘアに。ツヤも高まる。クレイツイオン®ストレートPRO SR ￥28287／クレイツ

HAIR TOOL:04

ブラシ

ブラッシングに最適な絡みにくい名品ブラシ

もう何年も使い続けている名品ブラシ。ブラッシングに使えば絡まりにくく、ツヤもアップ。コンパクトなサイズだから使いやすい。ハンディブリッスル ￥20900／メイソン ピアソン

HAIR TOOL:03

ドライヤー

パワフルで乾きが速くうるおいを逃さない

うるおいを残し乾きが速いので、オーバードライによるダメージ毛を防ぐ。長時間の使用でも軽くて腕が疲れないのもポイント。ホリスティックキュア ドライヤー モイストプラス￥24200／ホリスティックキュアーズ

「ボリューム」と「ツヤ」をアップさせる スタイリング剤とつけ方

髪に欠かせないボリュームとツヤ。ここではそれらが簡単に叶う、オススメのスタイリング剤とヘアスタイルがキマる最適なつけ方をご紹介。

ボリュームアップ

オススメアイテム

ふわっと軽い質感で絶妙な弾力を出せる。mm クリームバター SPF10・PA+ 30g ¥3300（サロン専売）／b-ex

アイロンの仕上げに投入! カールの立体感をキープ

アイロンでつくったカールに少量もみ込むことで、キレイなボリュームをキープ。髪は揺れる様が美しいので、カールをスプレーでガチガチに固めずに、ある程度自由に動くバターが最適。

HOW TO

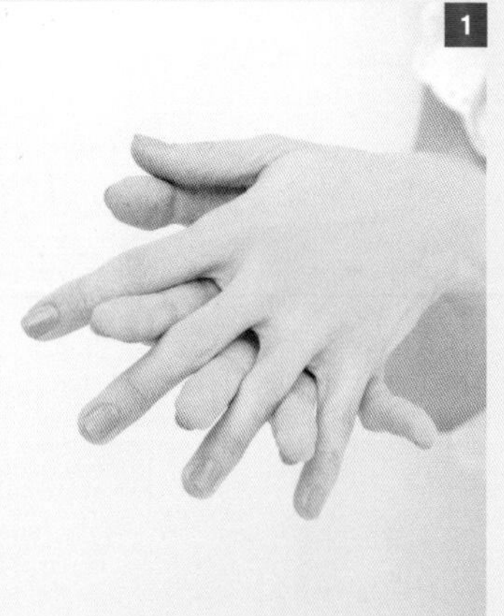

1 **指の間にもしっかりバターを広げる**

手のひらをこすりあわせ全体になじませる。指の間にもまんべんなくバターを広げ、まずは髪の内側全体になじませていく。

2 **毛先はカールを握るように**

手のひらに残った分を毛先に。カールを握るようにもみ込むとエッジがキレイに浮き出る。仕上げに表面をひとなで。

ショート＆ミディアムの人は？

スタイリングの方法や使うスタイリング剤は、ショートでもミディアムでもロングと一緒です。短いぶん、ベタッとボリュームが失われやすいため、スタイリング剤の量はかなり少なめに。

ツヤアップ

オススメアイテム

重さを出さずにツヤだけを髪に宿したいときに最適なオイル。ココンシュペール スインググロスオイル 80㎖ ￥1980／クラシエホームプロダクツ

サラッとした質感で軽やかなツヤをオン

ドライヤーやアイロンでつくり出したツヤにオイルをプラスして、しなやかな質感に整えましょう。ベタッと重くなるまでつけるのはNG。サラサラ揺れるような軽やかなツヤを目指して。

HOW TO

1

指になじませて髪の内側から

オイルを手のひらに広げて、内側から毛先に向けて（えり足から毛先に向けて手ぐしでとかすように）なじませる。

2

ボリューム死守のため頭皮は外して

ボリュームが失われ、頭皮がベタつく原因になるので、根元は避ける。手ぐしで数回指を通して広げる。表面は最後にひとなで。

ひとつ結び

簡単にできて便利なひとつ結び。実は結ぶ位置次第で、オシャレに見えたり、老けて見えたり。ここではその正解について、検証していきます。

ちょっとの違いで印象激変！ 結ぶ位置に注意しよう

「ひとつ結びの正解がわからない」という質問をよくいただきます。確かにひとつ結びはサッとできて簡単だけど、素敵に見せるためには工夫が必要です。キーとなるのは、結ぶ位置。思い切って高い位置で結べばイキイキとした雰囲気を演出できるし、えり足ギリギリの低い位置なら、柔らかさを感じさせる上品な風情に。中途半端な高さで結ぶのは頭が変に大きく見えたり、野暮ったさが出てしまうのでおすすめできません。さらに、気をつけたいのが後れ毛。フェイスラインを隠そうとたくさん後れ毛を出してしまうと、顔まわりが暗くなり、疲れて見えるので要注意。スタイリング剤を手ぐしで全体になじませてからまとめれば、より洗練されたスタイルに。

高い＝○

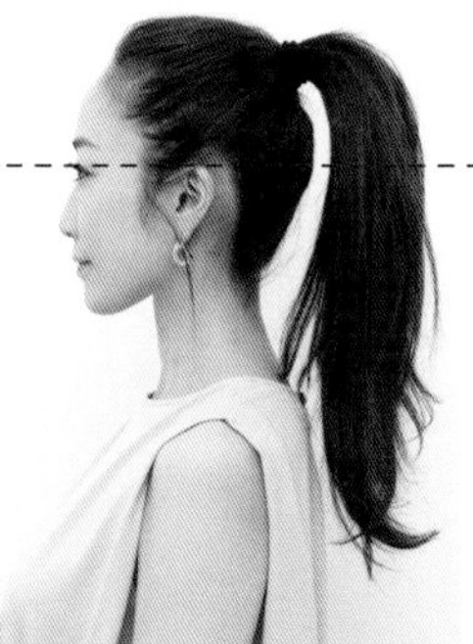

フェイスラインがすっきりして見えるので小顔効果も。横から見たとき、アゴ→耳の延長線上に結び目がくるようにするのが、大人ポニーの正解。

中間＝×

中途半端な位置は、老け見えや逆に若づくりに見えがち。また、後頭部にボリュームをつけると、横から見たときに、頭が長く見えてしまう。

低い＝○

短い人にオススメ

髪が短い人でもスタイルがキマるのがこの位置。えり足ギリギリの低い位置で結んで。大人っぽさや品、優しげな印象が欲しいときにオススメ！

「疲れてる?」なんて言わせない! 老けない

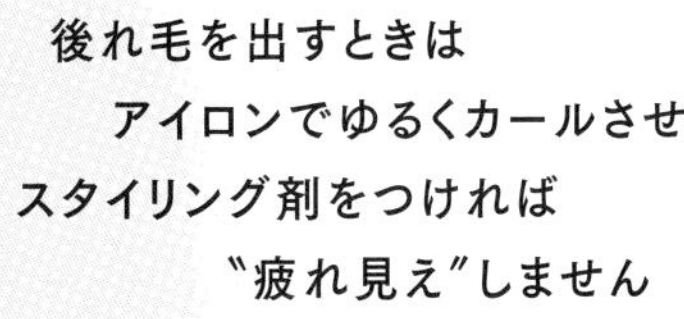

『後れ毛を出すときは
アイロンでゆるくカールさせ
スタイリング剤をつければ
〝疲れ見え〟しません』

『後れ毛は出さず
潔く顔を出すことで
すっきりとした小顔に!』

応用編：1

ふんわりゆる結び

アイロンでゆるやかなカールをつくってからラフに結んで。後れ毛を少量引き出し、柔らかさを。

フェイスラインや首すじをキレイに見せつつ柔らかさを出せる

ハチまわりを持ち上げてニュアンスを

結んだ後にハチまわりに手のひらを軽く添えて、上下に動かし、表面の髪をゆるませる。表面にニュアンスが生まれてこなれた雰囲気に。

HOW TO

1 アイロンで全体を巻き、ベースをつくる

32㎜のアイロンで髪の中間から毛先までをリバース巻きにする。全体を巻くことで、まとめたときにキレイなニュアンスが出せる。

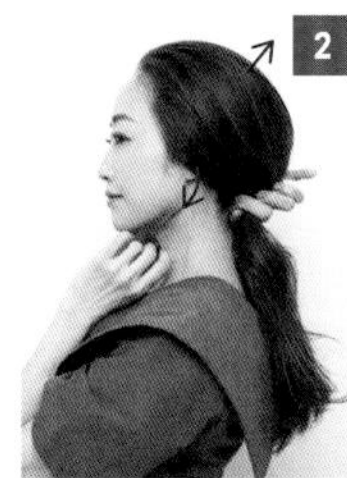

2 スタイリング剤をつけ、ゆるく結ぶ

ヘアバターを全体に少量なじませてから手ぐしでひとつにまとめる。結ぶ前に耳まわりとトップの髪を少しつまんで引き出します。

HOW TO

1 スタイリング剤をつけて髪をまとめる

ストレートアイロンで根元から毛先までまっすぐに整え、オイルかバームを髪全体になじませる。手ぐしでまとめ、低い位置で結ぶ。

2 コームで顔まわりをさらにタイトに!

コームを使い、潔く顔まわりをタイトになでつけ、浮き上がってくる短い毛などを押さえて。タイト仕上げの場合、後れ毛は出さない。

応用編: ②

ツヤタイト結び

簡単なのに、洗練されたムードを纏えるのがツヤタイト結びの特徴。潔く髪をきっちりまとめるのがコツ。

肌や髪のツヤが際立ち凛とした雰囲気になれる

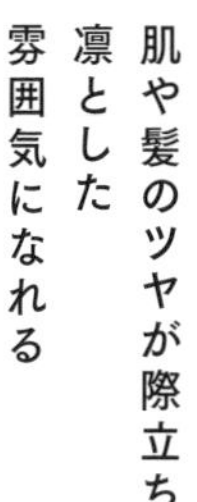

Point!

分け目は頭頂部を越えないように

耳の先端から頭頂部に向かった延長線上を越えて分け目を作ると野暮ったく見える。

前髪”の作り方

一歩間違うと老け見えしたり、若作りになってしまう前髪。ここでは、大人に似合うディテールについて解説します。

前髪は量と範囲が大事。甘さ控えめを目指して

前髪って楽しい。髪をおろしても、まとめてもキマるし、ファッションやメイクに合わせたアレンジも自在。ただ、量が少なすぎたり多すぎたり、カットのライン次第では、過剰に甘くなったり、老けて見えたりしてしまう。前髪を作るなら、大人に似合うポイントを押さえておくことが大切です。

©Yuri Hanamori／2021年『VOCE11月号』より

老けない!　若作りに見えない! "大人の

Bangs

FRONT

前髪のまっすぐなラインは目尻の内側までに留めて。それ以上広いと顔が横に広がって見えるし、逆に狭いと顔が暗く見えてしまう。

SIDE

前髪と顔まわりの髪が自然につながるようにカットすると、正面から見ても、横から見ても美しいスタイルになる。

TOP

前髪のスタート地点はつむじと額の生え際の中間くらいがベストポジション。量が少ないとおろしたときにパカッと割れやすくなるし、多すぎると重い印象に。

前髪〃アレンジ

簡単ステップで印象激変＆顔まわりもすっきり！　前髪アリのヘアスタイルにオススメな、4つのアレンジを紹介します。

アレンジ：1 おろす

少しだけ額を透けさせるのがポイント

ロールブラシを根元から当てることで、前髪の根元が立ち上がり立体感が生まれる。さらに、額の曲線をキレイに見せてくれる効果も。左サイドの髪は右サイドへ、右サイドの髪は左サイドに動かし逆サイドブロー（P.30参照）して顔まわりの髪の生えグセを整える。仕上げは前髪に隙間を作り軽やかさを。

カンタンに雰囲気を変えられる! "大人の

アレンジ: ② 流す

キレイめに仕上げたいときにオススメ!

前髪をロールブラシでワンカールさせたら、ワックスなどを少量つけた指先で横に流す。少し前髪をたゆませると、フェミニンな印象に。8:2くらいの比率で。

アレンジ: ③ 上げる

サイドをタイトにするとバランス◎

ジェルなどを両手になじませてから、前髪&髪をかき上げる。事前に前髪をワンカールし、その立ち上がりをつぶさぬように。サイドはタイトにまとめるとキマる。

アレンジ: ④ なじませる

サイドも一緒に巻くとなじみ度UP!

前髪をワンカールしてから、外側に向かって流すように巻く。こめかみ付近の髪も外側に向かって巻き、仕上げに前髪となじませて完成。

Skin

Megumi's method

第二章／肌

シミ、シワ、たるみ、くすみといった肌を老けさせるネガティブ要素。
何もしないままだと年々濃く増え続けていくばかりです。
肌は先手必勝。すでに始まっている肌も、まだ少し先だと思っている肌も、
今からエイジングケアを始めましょう。
そして的確なベースメイクで足りないものを補い、
欲しい質感をうっすらと上乗せしていく。
肌の総合点を思い切り引き上げていきましょう。

スキンケア・ベースメイクの完全プロセスは ▶**P183**へ

自分の生き方をできる肌を目指す

発光するような明るさと、透けるような透明感。毛穴の存在さえも忘れてしまうなめらかな表面にはみずみずしいツヤが走り、シワやシミもない均一な肌。多くの人が夢み、理想とする肌なのかもしれません。でも、私たちが普通に生きているだけで、酸化したり糖化したりしながら、細胞は老化していく。シワが刻まれたり、シミができたり、たるんだり、毛穴がそれなりに目立つようにもなる。どれだけ若々しい見た目をもつ人でも、今は年齢が若い人でも、平等に年齢を重ね、顔の形や肌が変わっていきます。

ただ、体の健康と同じように、ケアや意識によって、変えられることもある。「年齢を重ねる＝老い」ではないし、「加齢＝不美」なわけではない。肌の老いの速度や見え方を変えていくことはできるのです。

肌を育てていく中で、心にとめておきたいことがあります。それは、年齢で変わりゆく自らの肌を見て、自分を責めたり、失望したりしないこと。私たちが年齢を重ね生きる中で蓄えていく経験や思い出と同じように、肌も時間を刻んでいるだけなのだから。

目尻に刻まれたシワは、たくさん笑った証。眉間のシワは、精一杯頑張った時間があったということ。日焼けが残った肌は、季節を思い切り味わったということ。実際、私も自身の肌を見て、「シミでてきたな、息子たちといっ

肯定

ぱい遊んできたもんね」と海で目一杯遊んだ思い出や、野球やサッカーの付き添いで共に過ごした時間を思い、心が温かくなることがあります。「肌のキレイ」を一つの価値基準で判断する必要はありません。肌に現れるサインは、悪いことばかりではないことも併せて覚えておきたいと思うのです。

とはいっても、毎日をポジティブに、自分らしく生きるために、心のくもりはできるだけ晴らしていくことは重要です。自分で自分に「なかなかいいぞ」「悪くないぞ」と思えるだけで、大きなパワーが充電される。それが前向きな思考や行動になったり、ここぞというときにしっかりと実力を発揮できたり、踏ん張らなきゃならないときの強い追い風になってくれることもあります。

そのために必要のないエイジングサインは、しっかりケアしていきましょう。生き生きとうるむように輝く肌を自分の手で育ててあげるのです。スキンケアは、ある程度の暗記力と応用力がポイントになってきます。手の動き、選び方、使い方を覚え、機転を利かせながら老け見えポイントを徹底してケア、そして肌の質感を美しく引き上げるベースメイクを覚えることで、ツヤ、ハリ、透明感のある肌が完成します。年を重ねるほどに美しい肌でいるために必要なのは、共に時を重ねる肌への愛と効果的なスキンケア＆ベースメイクの合わせ技。年齢に抗う苦しいケアやメイクではなく、「自分らしくあるために〝今の自分〟と共にある」が理想なのです。

SKIN CARE PROBLEMS :

スキンケアで"老け見え"する理由

ツヤ問題

1 ゴワつきと乾燥

角質ケアが適切でないと、本来ならばターンオーバーによって自然と剥がれ落ちるはずの角質が肌に留まって厚みを増し、ゴワゴワとした手触りに変化します。さらに、紫外線ダメージや空調による乾燥、お手入れ時の摩擦などによって乾燥が進むと、肌はツヤを失ってくすみ、透明感が失われてしまうのです。

ボリューム問題

2 ハリ不足でシワシワ

肌のハリが失われると、表面がしぼむことで小ジワが目立ち、老けた印象に。特に目立ちやすいのが目まわりと口まわり。目まわりは皮膚が薄くダメージを受けやすく、口まわりは弾力や筋力の衰えにより重力に従って頬まわりの肉が落ちほうれい線が目立ちやすい。ハリを増強するケアは、老け見え回避に必須。

ツヤ問題

3 めぐり不足の血色レス

ヘルシーな肌ツヤに欠かせないのが、血色感。寝不足など生活習慣の乱れで血流が滞ると、どんよりとした血色レスな顔色となり、肌の生命力が不足します。規則正しい生活を心がけることが第一ですが、レスキュー的に血行をアップさせるなら、顔以外のマッサージも有効。スキンケアのステップに組み入れて。

肌は加齢でこうなる

自分の顔の未来予想図は親を見るとわかる!

たるみ方やシミやシワの出方など、エイジングサインの出方は、親に似ると言われています。両親のうち、より顔の骨格が似ている方と同じ老け方をすることが多いので、それを参考にしながら先手必勝のケアを行いましょう!

次のページから、肌が老け見えしないスキンケアのテクニックをご紹介します。
まず、ひとつ。トライしやすい項目から始めましょう!

スキンケアは〝手つき〟が9割

スキンケアの圧の目安

▼

肌は木綿豆腐ではなく、絹豆腐をなでるように扱う。ハンドラップは、赤ちゃんの頬やヒヨコを包むくらいのイメージで。

広い範囲に浸透させるときは！

▼

ハンドラップ

メイクと違い、スキンケアはコスメを〝塗る〟〝のせる〟のではなく、〝入れ込む〟行為。肌の上に留まったままの成分がないよう、手のひら全体を使って優しく覆います。熱と圧で、肌の奥深くまで届けるイメージで。

NG!

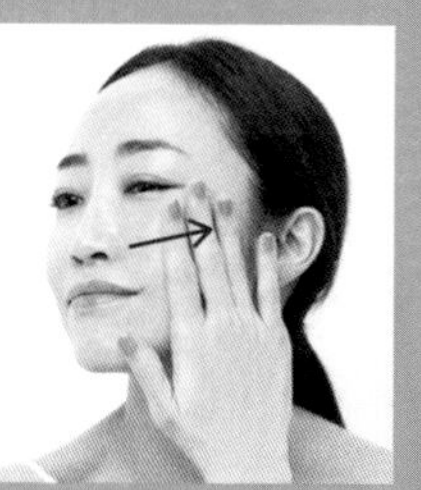

こする

摩擦は肌のバリア機能を低下させ、色素沈着やシワの原因にも。ゴシゴシこするお手入れは、美肌の大敵です。

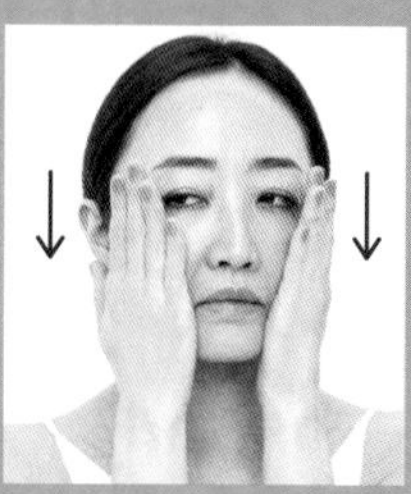

下げる

老け見えを引き起こす、顔の下垂の原因になります。そもそも肌を引っ張ること自体がNG。上に引っ張るのもダメ。

叩く

コレ、やってしまっている人がまだまだ多い！　刺激で毛細血管を傷つけかねないし、赤みや刺激の原因になります。

細かい部分に浸透させるときは！

▼

指先ラップ

頬や額などの広い部分はハンドラップが適していますが、目尻や目頭などの目まわり、小鼻の脇や口角といった細かい部分まではカバーしきれません。そのような部分は指先で。ハンドラップと同じくじっくりと浸透させて。

老けないスキンケアの肝は 規定量増し増し

〝足りない〟は美肌の大敵。水分を肌に十分に蓄えさせるために、化粧水や保湿系の美容液などはメーカー規定量の1.5倍を目安に！　特に、化粧水は肌がひんやりとしてくるまで繰り返し入れ込むことが重要。1.5倍でもひんやりとならない場合は、さらに数回重ねづけを。しっかり水分を入れ込むことができれば、キメが整い、透明感やツヤを湛(たた)えた肌になれます。そして油分。〝テカリや吹き出物に繋がる〟と敬遠する人もいますが、油分は大人の肌には欠かせません。今は多種多様なテクスチャーがありますが、私は重めタイプのクリームを好んで使います。心地いい重さがあるクリームをたっぷりと、規定量の1.2倍ほどなじませれば、指で軽く押しただけでも、キレイなツヤのリング（68ページ参照）が出るほどの肌に。高いからとケチケチ使うくらいなら、躊躇(ちゅうちょ)なくたっぷり使える価格のものを選びましょう。

Moisture

水分は1.5倍

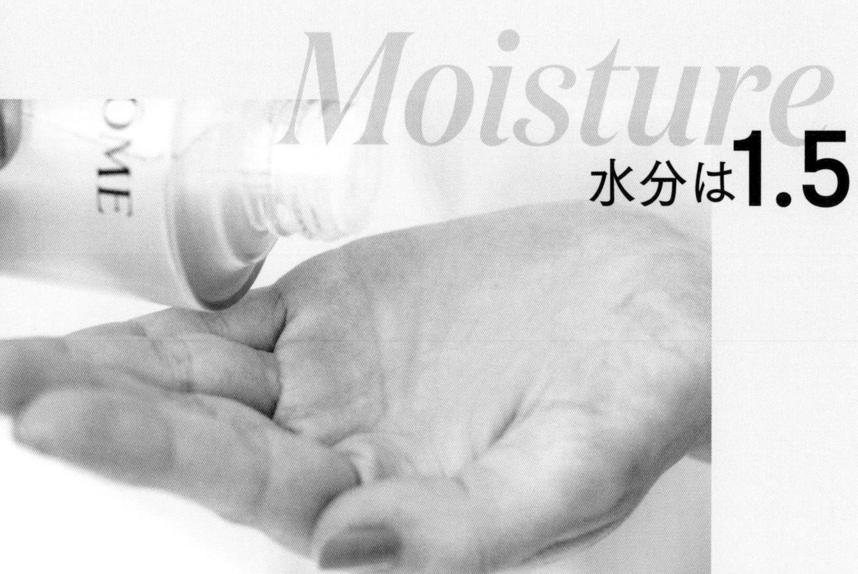

Oil

油分は1.2倍

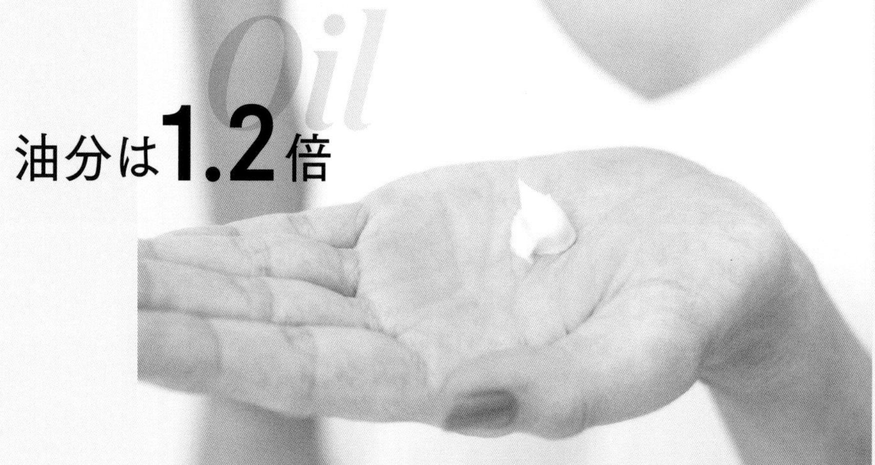

大人のスキンケアで大切なのは
脱ぐ!・与える!・守る!

肌を上向きにするためには、スキンケアの見直しが必要不可欠です。大人の肌はターンオーバーが乱れがちになることが多く肌に不要なものが溜まり、自らうるおう力やハリ感が不足しがち。まずは肌をくもらせるものをクレンジングや洗顔でしっかりと脱ぎ去り、透明感やハリなど、欲しい肌の要素に必要な成分を与える。そして、入れ込んだ成分を留めてきちんと機能するように守りましょう。なかでも、この〝守る〟というステップには注意が必要で、単にフタをするだけでは不十分。うるおいや美容成分が逃げてしまわないように守る作業と並行して、栄養を与え続けられる高機能なアイテムの力を借りましょう。〝脱ぐ〟、〝与える〟、〝守る〟。この3つのステップのうち、1つでも手を抜いてしまったら、肌の底上げや立て直しは図れません。〝老いない〟肌を目指すためにはどれも大切なステップです。

脱ぐ

ツヤ・ボリュームを出す準備作業

与える、守るステップでの受け入れ態勢強化のためにも、クレンジングや洗顔でメイクや余分な皮脂などを１日単位で残さず脱ぎ去りましょう。それでも溜まってしまう肌のくもりは、定期的なスペシャルケアで残さずオフ。

▼

与える

ツヤ・ボリュームを出す

化粧水や美容液は透明感、ハリなど、欲しい肌効果に最適な美容成分を選びましょう。またシワなどのエイジングサインを感じたとき、または予防したい場合は、それに適した美容成分もお手入れに取り入れましょう。

ツヤ・ボリュームの底上げ

〝守りながら底上げ〟がこのステップのテーマです。年齢を重ねると水分蒸発やゴワつきなどから肌を〝守る〟機能が衰えていくため、そこを補いつつ肌に栄養分もギュッと入れ込める、圧力鍋タイプのクリームを。さらに、紫外線などのダメージから肌を守る、日焼け止めもマストです。

脱ぐ

毎日のクレンジング・洗顔で ツヤ・ボリュームの準備

＼ 洗顔ポイント ／

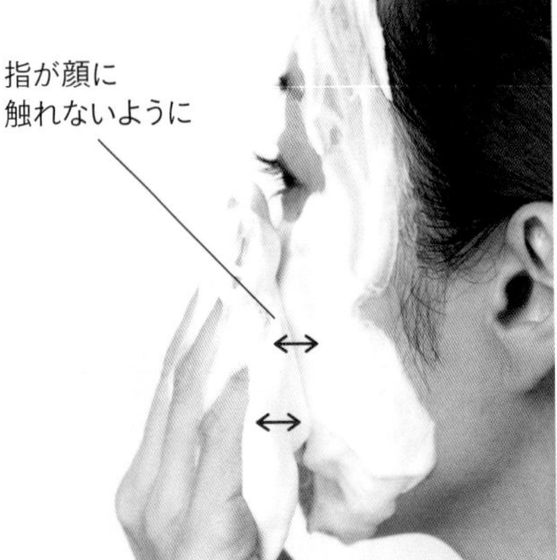

弾力あるモコモコ泡で摩擦を徹底的に除去

洗顔料はしっかり泡立てよう。肌と指の間で常に弾力ある泡がクッションの役目を果たすように。洗う順番はクレンジングと同様で◎

＼ クレンジングポイント ／

指全体を使って圧がピンポイントになるのを防ぐ

Tゾーン、小鼻、フェイスライン、頬、口まわり、目まわりと皮脂の多い順になじませる。刺激を防ぐため、指先でなく指全体を使って。

肌と心のもやもやはその日の内に脱ぎ去る

メイクや不要な皮脂、汚れは翌日に持ち越さず、その日のうちにしっかりと落としましょう。ただし、洗浄力が強すぎるアイテムを使うと乾燥の原因となってしまうので、うるおいをしっかり確保しつつ、不要なものだけを落とせるアイテムを選びましょう。さらに、肌あたりのやわらかなテクスチャーや、癒やし効果のある香りにもこだわって。日々、様々なストレスにさらされている私たち。ストレス過多になると、肌の力が弱まるという研究結果もあります。肌だけでなく心までも労れる、その点も基準にし、クレンジングや洗顔に使うアイテムを選んでみるのもオススメ。

保湿クリーム級に うるおうタイプを指名

A贅沢に配合されたスキンケア成分で後肌がしっとり。AQ ミリオリティ リペア クレンジングクリーム n 150g ¥11000／コスメデコルテ　**B**五感に働きかける心地よいテクスチャーでケアを楽しく。オルビス オフクリーム 100g ¥2530／オルビス　**C**使うほど晴れやかな肌に。B.A クレンジングクリーム 130g ¥11000／ポーラ

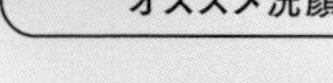

肌のくもりを一掃して 透明感を引き出して

D吸いつくような濃密泡で透明肌に。B.A ウォッシュ 100g ¥11000／ポーラ　**E**しっとり感ある洗い上がりと癒やしの香り。カネボウ コンフォート ストレッチィ ウォッシュ 130g ¥5500／カネボウインターナショナルDiv.　**F**しっかり洗いたい日に。洗顔専科 パーフェクトホイップ u 120g オープン価格／ファイントゥデイ資生堂

脱ぐ

スペシャルケアで老化の二大兆候を脱ぐ！

兆候1 角質肥厚

キレイなツヤを放つ肌に欠かせない下準備

ホルモンの乱れや乾燥、紫外線などの外的ダメージで、大人の肌のターンオーバーは乱れがち。ゴワつきや毛穴の目立ち、シミや色ムラでくもった肌にツヤを取り戻すためには、角質ケアは不可欠です。肌がなめらかになれば、ベースメイクののりも格段に良くなります。ただし、角質を無理に剝がすケアは御法度！取り入れるなら、不要な角質をおだやかにオフし、ターンオーバーを促す手段を選びましょう。顔を洗うついでにケアできる酵素洗顔料や、保湿と角質ケアが同時にできる美容液など、普段のスキンケアの〝ついで〟にできるアイテムなら、忙しくてもノーストレス。

オススメアイテム

ピーリングとリフトアップをこれ一本で実現する２層タイプの美容液。普段のお手入れに投入でき、洗い流しも不要。アベイユ ロイヤル ダブルR セロム 30㎖ ￥19030／ゲラン

うるおいをきちんとキープしつつ、毛穴の黒ずみや角栓、ザラつきをオフできる酵素洗顔料。スイサイ　ビューティクリア　パウダーウォッシュN 0.4g×32個 ￥1980（編集部調べ）／カネボウ化粧品

A角栓を溶かす力に優れたオイルを採用。たるみ毛穴や乾燥毛穴に潜む角栓も逃さずオフしてつるり。マイルドクレンジングオイル 120㎖ ¥1870／ファンケル　**B**酸化した皮脂や汚れを素早く溶かしてオフ！　リッチなテクスチャーで刺激レス。AQ クレンジング オイル 200㎖ ¥6600／コスメデコルテ

週1で毛穴ケアも!

デイリーに使うクレンジングはクリームとミルクが多いけど週に一度は洗浄力に優れたオイルにチェンジ。毛穴の汚れを溶かして一掃。

兆候 2 糖化

黄ぐすみ＆ゴワゴワは早期撃退が肝心です

糖化とは、エネルギーとして使われなかった体内の糖がたんぱく質と結合し細胞などを劣化させる現象のこと（主な原因は、加齢、早食い、甘い物の過剰摂取、ストレス、紫外線など）。肌がゴワッとかたくなり、シワやたるみの原因になったり、透明感が失われて黄ぐすみが起こったりします。どんなに気をつけていても、糖化をゼロにすることは難しいので、こまめに対策を！　肌の外側と内側、ダブルでケアすることが大切で、角質層の大掃除ができるスペシャルケアアイテムを使った定期的な外からのケアだけでなく、抗糖化成分を配合したサプリメントで内側からもケア。

オススメアイテム

長年、真摯に糖化を研究してきたブランドなればこその信頼感。ポーラオリジナル複合成分「Ch-Aエキス」を配合。体の内側から澄んだ美しさにアプローチ。B.A タブレット 60粒 ¥7560／ポーラ

長年の糖化研究で生まれた、洗顔後の肌に使うディープ洗顔マスク。ほんのりとした温感で濁りを洗い流してクリアな肌に。B.A ディープクリアライザー 120g ¥13200／ポーラ

与える

まずは化粧水ひたひたで美容液の導線づくり

透明感がより上がる7〜10分のコットンパック

化粧水を含ませたコットンを何枚かにさいて、両頬、額、鼻まわり、アゴにのせてパック。さらに鼻部分を開けてラップで覆う。

水＋化粧水

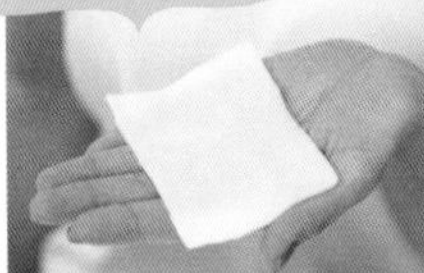

パックの際はコットンにまず水を含ませ軽く絞り､化粧水を。化粧水の量を節約できるテク。

Point!

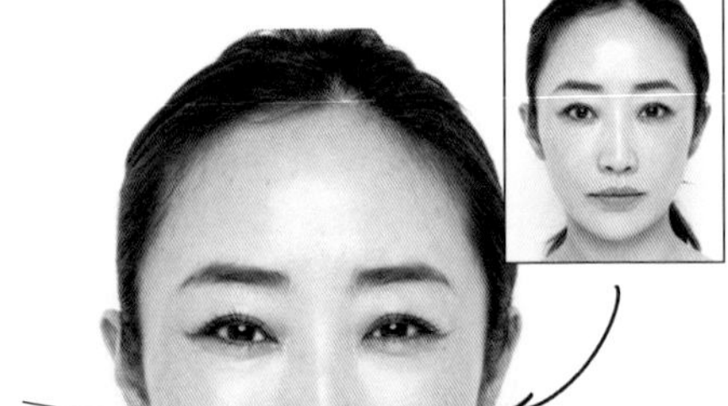

ツヤリング

ニコッと笑ったときにツヤのリングが出るまで

しっかり肌がうるおいを蓄えると、肌が明るくつやめきます。ニコッと笑ったときに、頬にツヤリングが出るかどうかをチェック！

肌の奥がひんやりしたらうるおい満タンの合図

みずみずしいツヤを出すためにも、化粧水でうるおいを与えるケアは大事。また化粧水でうるおいを肌に入れ込んでおけば、後に続く美容液などの成分が届けやすくなります。表面だけでなく肌の奥深くまでうるおいをチャージすることが肝心なのですが、その目安は〝肌の奥がひんやりしたかどうか〟。加齢した肌は乾きやすく、化粧水を浸したコットンでササッとぬぐったくらいでは､うるおい不足に。コットンを肌をなでるようにすべらせたら、手のひらにさらに化粧水を取って追加で入れ込み、肌を包み込むようにハンドラップを。ここまでやって初めて､肌はうるおうのです。

オススメ化粧水

肌にうるおいが満ちて澄み渡る透明感に

リピートし続けている永遠のスタメン化粧水。ふっくらとキメが整い、抜けるような透明感と明るさが肌に宿る逸品！　フェイシャル トリートメント エッセンス 160mℓ ￥18700／SK-Ⅱ

撮影前のツヤ増しに欠かせない化粧水

撮影前など、肌ツヤを強化したいときの必需品。ハリ、ツヤ、透明感が驚くほどUP。ローションパックにも愛用中。クラリフィック デュアル エッセンス ローション 150mℓ ￥12100／ランコム

頼もしい保湿力とハリ感アップが◎

うるおうだけでなくハリの強化も狙えるローション。みずみずしさも魅力。ツヤ玉が輝く肌に リフトモイスト ローション T Ⅰ〈医薬部外品〉170mℓ ￥3300（編集部調べ）／エリクシール

肌状態を選ばずバシャバシャ使える

惜しみなく使え、高コスパなのに肌にしっかりうるおいをチャージする実力派。ハトムギエキス配合で肌の調子を選ばず使えるのも魅力。ナチュリエ ハトムギ化粧水 500mℓ ￥715／イミュ

Point!

日によって化粧水を替えてみよう!

例えば高コスパな化粧水はデイリー使い。週の真ん中の水曜日と週末の金曜日だけはリッチな化粧水を使って肌を底上げ。そんなふうにメリハリをつけるとケアがより楽しくなります。

与える

目指す肌によって美容液を使い分ける

濁りを払ってツヤを出したい ▶ 美白美容液

肌の濁りを一掃し、透明感の底上げを狙って

私が美白美容液を一年中、日常的にケアに投入するのは、肌の透明感を上げたいから。角質ケアでなめらかに整えた肌のツヤにさらに厚みが出て、湧き水のような透明感が宿ります。最近の美白美容液分野は進化のスピードがすさまじく、確実な手応えを短期間で感じられるアイテムがたくさんあります。ブランドや製品ごとに美白の有効成分は多種多様。肌質によって相性のよい成分が異なるので、一本使い切って効きが今ひとつだと感じたら、替えてみるのもひとつの手です。

オススメアイテム

進化を続けるHAKUの美容医療レベルの透明感に感動。シミにもくすみにも対抗できる頼もしさ。HAKU メラノフォーカスZ〈医薬部外品〉45g ￥11000（編集部調べ）／資生堂

肌に透明感が満ちる実感に惚れ惚れ。諦めかけていた肌の濁りがクリアになる手応えが大好きで、リピートしています。ホワイトショット CXS〈医薬部外品〉25㎖ ￥16500／ポーラ

美白有効成分コウジ酸のスピード感、パワフルさに脱帽。みずみずしい使用感。ホワイトロジスト ブライト コンセントレイト〈医薬部外品〉40㎖ ￥16500／コスメデコルテ

しぼみ＆ゆるみをケアしてボリュームを出したい ▶ エイジングケア美容液

目標は、ツヤッと光を反射するハリ満点の肌

加齢によって出現するしぼみやゆるみには、ハリ、ツヤの両方を底上げできる美容液の力を借りて立ち向かいます。私が愛用しているのは、肌のしぼみやくすみ、毛穴の開きなど、多様な肌悩みをケアする効果のある高濃度のビタミンC、ハリ、ツヤを上げてキメを整え、小ジワ対策もできるレチノール（ビタミンA）配合の美容液。これらの成分は効き目がパワフルなぶん、刺激を感じる方もいるので、初めて取り入れる際は、生理後など肌の調子がよいときを選びましょう。また、オイル配合の美容液も、もっちりとしたツヤやなめらかさをもたらしてくれるのでオススメです。

オススメアイテム

ハリがパーンと漲る実感に惚れ込みもう10年以上愛用。徐々にレベルが上がり現在は4+。エンビロン C－クエンスセラム 1〜4+ 35mℓ ¥16500〜24200／プロティア・ジャパン

ツヤ、ハリ、うるおいなどを網羅するアンチエイジング成分がIN。水分と油分が黄金バランスで配合。テクスチャーも心地いい。ダブル セーラム EX 30mℓ ¥12100／クラランス

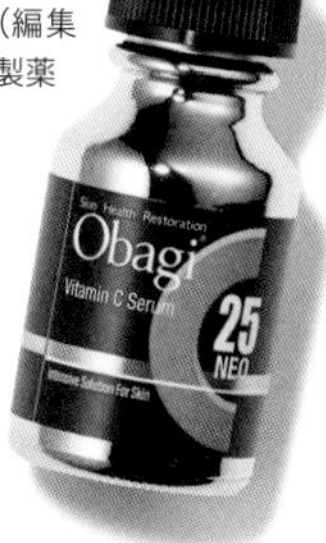

医薬品をヒントに開発された、ピュアビタミンCの驚愕の即効性に感動。ハリ不足にも小ジワにもこの一本で。オバジC25セラム NEO 12mℓ ¥11000（編集部調べ）／ロート製薬

与える

パーツケアで成分を細部まで浸透させる

印象に大きな影響を与える目と口元をケア

パーツケアで狙うべきは、額、目元、口元。ここをきちんとケアできているか否かで、見た目の印象は大きく変わります。皮膚が薄かったり、エイジングサインが他よりも出やすかったりもするので、そのパーツ専用、もしくはそのパーツに出やすいお悩みに特化したアイテムを使うのが望ましい。例えば目元には、乾燥しやすい目まわりをしっかり保湿しつつ、まぶたまでしっかりハリをもたらすクリームやセラムを。そして、実はエイジングサインがかなり出やすく、しぼみやすい口元には、シワ改善効果に優れたアイテムで対策を。適材適所なアイテム使いを心がけましょう。

オススメアイテム

額・目元・口元

年々気になるほうれい線や口まわりのしぼみ対策用。リピートするごとに肌のなめらかさにも変化が。リンクルショット メディカル セラム〈医薬部外品〉20g ¥14850／ポーラ

目元

使い続けることで目まわりのふっくら感がアップ。コクのあるリッチなテクスチャーで乾燥対策も。エピステーム アイパーフェクトショット a 18g ¥12100／ロート製薬（エピステーム）

額・目元・口元

〝シワの目立たない肌〟を目指し５種類のヒアルロン酸を配合。全顔のケアにも使えます。リプラスティ プロ フィラー コンセントレイト 50㎖ ¥46200／ヘレナ ルビンスタイン

フランケンシュタイン塗り

シワを縫うように指を ジグザグに動かしてオン!

シワの中までしっかり美容成分を入れ込むのに有効なテク。2本指で肌が動かないように軽く押さえ、美容液やクリームを指先に取って❶の方向になじませ、その後ジグザグ(❷)に動かし、最後に指先ラップ(P.58参照)を。

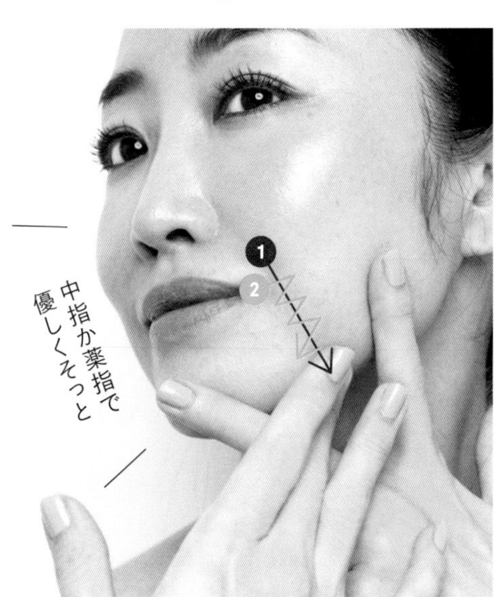

中指か薬指で優しくそっと

パンダ塗り

目尻だけじゃなく 目まわり全部をケア

目元は皮膚が薄くエイジングサインが現れやすい。アイクリームやアイセラムは上下のまぶた、目頭、目尻まで目まわりを一周するようにオン。点置きしたら指で優しくなじませる。

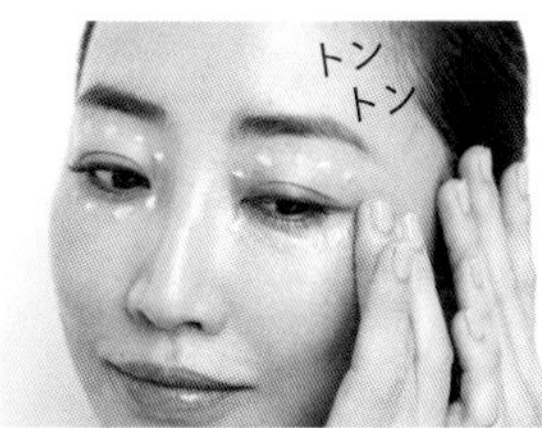

守る

クリームと日焼け止めでツヤとボリュームを底上げ

クリーム

リッチでコクのあるクリームが頼れます

大人の肌を託すなら、ちょっと重たいくらいのクリームを。きちんと選べば、リッチなテクスチャーでもベタつかないものも多い。〝守る〟ステップに欠かせないクリームは、水分や美容成分を閉じ込めるだけでは不十分。圧力鍋のようにギュギュギュッと、肌を密閉しながら栄養を届け続けることができる。そんなタイプを選びたい。量はケチらずたっぷり。全方位に肌を守るためには、隙間なくのせることが必要です。顔全体に広げたら、他のステップと同じくハンドラップ。手のひらの熱で、奥まで浸透させましょう。

オススメアイテム

ハリの底上げに着目して生まれたクリーム。コクがあるのにべたつかず、肌のツヤを育てる。心地よい香りも◎。エンリッチドクリーム TB 45g ¥8800(編集部調べ)／エリクシール

どんなに疲れていても睡眠不足でも、「これさえあれば」という安心感をくれる頼もしさが魅力。欲しいところに理想的なツヤとハリが出現。B.A クリーム 30g ¥35200／ポーラ

日焼け止め

パワフルなタイプを朝のケアの最後に

一年中、日焼け止めはマスト。たとえ一日中雨でも紫外線はゼロにはならないし、外出しなくても窓から進入するため、〝塗らない〟という選択肢はありません。シミ、シワ、たるみ、乾燥。紫外線ダメージのブロックは、日焼け止めなくしてできないもの。今は数値が高くても使用感がよいものが多数あるので、SPF50＋・PA＋＋＋＋の最強の紫外線防御力を持つものをデイリーに使っています。塗るタイミングは朝のスキンケアの最後（乳液やクリームの後）に。シワ対策やハリ感の底上げ機能があるものを選べば、肌を紫外線から守りながら日中にスキンケア効果を享受することも可能です。

オススメアイテム

なめらかで心地いいテクスチャーでストレスフリーなUVケアが可能。美白やシワ改善も叶える成分を配合。リンクルホワイト UV プロテクター SPF50＋・PA＋＋＋＋ 50g ￥3850／オルビス

肌ダメージを起こす光は強力にシャットアウトし、ハリと弾力を生み出す〝赤色光〟は透過させるハイクオリティな逸品。B.A ライト セレクター SPF50＋・PA＋＋＋＋ 45g ￥12100／ポーラ

マッサージ

シワや色素沈着を引き起こす摩擦を避けるため、デイリーなマッサージは顔以外に行います。首とデコルテはクリームなどですべりをよくしてから。

首

首まわりの詰まりを下方向に押し流す

耳の後ろのくぼんでいるところを〝グー〟にした中指の第二関節でギュッ。そのまま耳の後ろから鎖骨までリンパの詰まりを押し流すようにすべらせる。顔全体がすっきりする。

頭皮

頭皮を刺激して血流UP。顔まわりもすっきり！

〝グー〟にした第二関節を頭皮に当てて圧をかけながら小刻みに動かす。１ヵ所につき３～５秒、ジワッと温かくなるまでを目安に。頭のハチまわり、えり足は特に念入りに！

顔は触らずにむくみをとり、くすみ一掃! 毎朝の

髪引っ張り

髪を摑んで引っ張れば目がぱっちりと開く!

両手で髪をひと束ずつ摑んで、上方向にギュッとにぎって引っ張る。頭皮が刺激されて額〜目元がリフトアップ！　血行促進効果も。髪が抜けない程度に強めに引っ張るのがコツ。

デコルテ

鎖骨と脇の詰まりを流し去る

首やデコルテも含め顔まわりのむくみ全般に効果的なのがデコルテほぐし。鎖骨の上下を親指の腹で内→外に流したら、〝グー〟にした第二関節で脇の手前をグリグリと刺激する。

スキンケアが面倒だと感じる夜には……

スキンケアの時間をどのように過ごすのか。実はこれが、使うコスメや手の動きと同じくらい重要なことを知っていますか？

基本は、やはり大きな鏡を見ながら行うスキンケアです。説明書を読み込んだコスメ（説明書を読むことで、この化粧品がどこにどう効いてくれるのか、自分の肌をどうキレイにしてくれるのかを知ることができ、実感を高めてくれます）を肌に浸透させ、肌がみずみずしく変化していく様を目で、肌で実感しながら進める。「今、私はスキンケアしている」という慈しみの実感も肌にはいい効果をもたらしてくれます。肌も見ず、〝なんとなくただ肌の上にのせる、塗る〟だけのスキンケアでは、効果も半減。手で触れ、目で確認することで、より肌を知ることができるという利点もあります。

ただ、ここ数年、新しく始めて、「とてもいいな」と感じている方法が、横になりながらのスキンケア。疲れた日や、スキンケアが面倒な日、また、いつものケアにものたりなさを感じた日などに行う方法です。洗顔後、ベッドに直行、横になり、スキンケアを始めます。目は瞑りながら。普段は視覚に押されぎみの触覚や嗅覚が高まり、よりテクスチャーや香りの心地よさを感じることができます。手のひらと顔の肌の感覚も高まるから、肌をより感じることができるのです。そして、プロの手でトリートメントを受けているときのようなあのやさしい心地よさまで実感することができます。

毎日続けていくことだからこそ、スキンケアに疲れない方法は持っておきたい。私は、どこでもスキンケアができるよう、ベッドサイドやソファーの横などにもスキンケアアイテムを常備しています。もし、いくつも揃えるのが難しい場合は、いつでもどこでも簡単に移動できるように、バスケットやトレーなどにスキンケアセットを入れておくことをおすすめします。

BASE MAKE-UP PROBLEMS :

ベースメイクで"老け見え"する理由

ボリューム問題

1 厚塗りで立体感が消失

シミや色ムラ、毛穴などの肌の凹凸。大人になるとどうしても目立つ肌のアラ。これらを隠そうとしてファンデを厚塗りすると、顔の立体感が消え、のっぺりとした印象になってしまいます。さらに、厚塗りすると毛穴や凹凸がかえって目立ってしまうから、ファンデはできるだけ薄く仕上げるのが正解です。

ツヤ問題

2 粉ののせすぎでカサカサ

全体をツヤツヤに仕上げる必要はないけれど、鼻先、頬の高いところなど、必要なところにツヤがあると肌はフレッシュに見えます。また、テカリを気にして肌全体をパウダーで塗り固めてしまうと、カサカサと乾いた印象になり、老け見えを誘発しますし、毛穴や肌のゴワつき、凹凸といったアラも目立ってしまいます。

ボリューム問題　ツヤ問題

3 ツヤ不足でどんより

下地やファンデを自分ではちゃんと塗っているつもりでも、実は塗れていない人もけっこう多い。塗る際に指やスポンジで強くこすって剝げてしまったり、なじませ不足だと、均一な面にならず、キレイなツヤが生まれない。さらに塗りムラがある状態では、肌のトーンが整わず濁って、明るさや透明感を引き出せません。

老けて見えるベースメイク

次のページから、肌が老け見えしないベースメイクのテクニックをご紹介します。
まず、ひとつ。トライしやすい項目から始めましょう!

ベースメイクは顔の中に“逆卵形”を意識

老け見えを引き起こす立体感不足が補える！

頬がたるんで下がることで顔が大きくなり、こめかみが凹み、皮膚が下へと引っ張られることで頬骨が悪目立ち……。こういった加齢による変化をカバーして、立体的な小顔に見せるために意識すべきは逆卵形。ベースメイクをする際は顔の中に理想の逆卵形を当てはめてみて。例えば、はみ出る部分はシェーディングでカバーを。さらに頬など高さが足りない部分にはハイライトで明るさを。こうすることで、立体感もフェイスラインのシャープさも演出できます。イメージしにくい場合には、大きな鏡に顔を映しながら、クリーム(主にペンタイプ)のシェーディングなどで顔の中に逆卵形を描いてみるのもオススメです。

丸顔

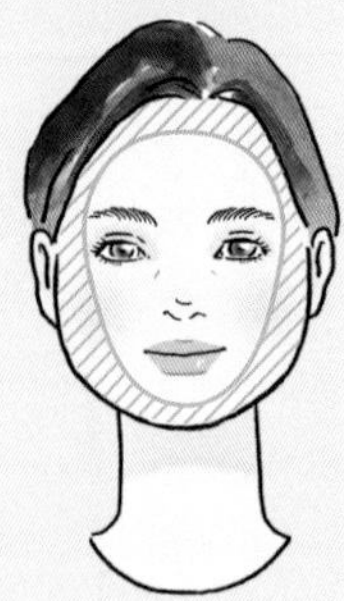

額の両端、頬のたるみをシェーディングでカバー。横幅を縮小することで、小顔効果も狙える。

面長

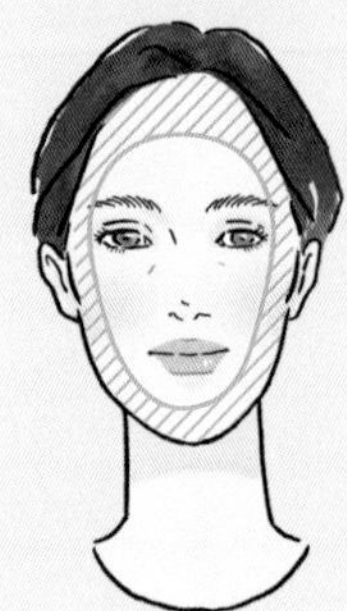

額とえらからアゴにかけてをシェーディングでカバーすることで、顔のタテ幅縮小を目指す。

ベース形

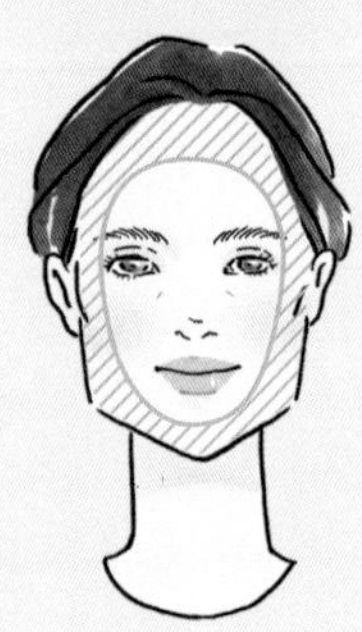

えらの部分や額の四角く見える部分を、シェーディングでオフ。額は前髪などで隠すのでもOK。

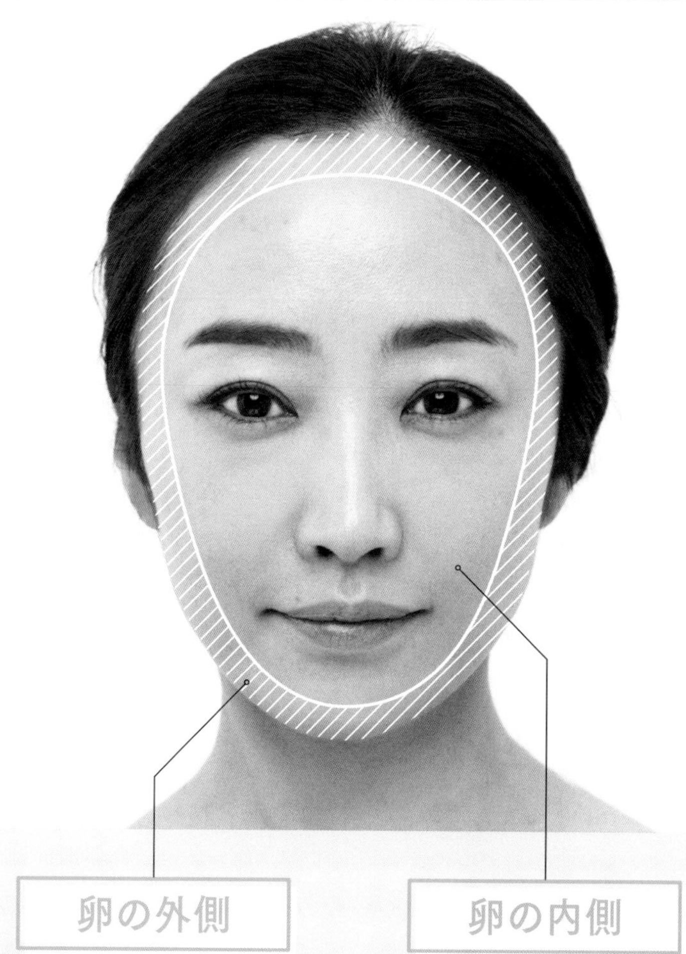

卵の外側

ファンデは残り程度で必要ならシェーディングを

「顔は卵の内側まで！」と錯覚させたいため、この部分を明るくするのは厳禁。下地やファンデはスポンジに残ったものをぼかす程度。必要ならば影色を仕込むか、極薄にのせて。

卵の内側

下地、ファンデ、ハイライトでふっくらとした丸みを意識

明るくする＝高さが出るので、肌色補整系の下地やファンデ、ハイライトを塗るのはこの部分。中でも額や頬骨の上に適度な明るさを仕込んでおくと、立体感が復活してイキイキ。

老けないベースメイク 5つのポイント

POINT 1 下地で素肌を底上げ

うるおいやなめらかさ、明るさ、均一さなど、肌に足りないものを補うのが下地。なので、〝今日、どんな肌になりたいか〟でしっかり選んで。塗る際も丁寧になじませて、肌を整えて。

やりがち

- 日焼け止めのみで下地を使わない
- 均一に広げず、雑に塗る

POINT 2 ファンデで肌色を整える

ファンデーションはいわばドレス。シルクのような光沢、コットンのサラサラ感など、質感をコントロールし、肌色を整えるもの。カバーは下地やコンシーラーに任せ、ごく少量に。

やりがち

- シミや色ムラをカバーしようとして厚く塗り固める
- 肌より明るすぎる色を選んで濁る

POINT 3 コンシーラーは適材適所に

例えばクマならオレンジ系の軟らかなタイプが最適だし、濃いシミにはピタッと留まる肌と同色の硬めタイプが便利。カバーする部分によってコンシーラーは使い分けるのが鉄則！

やりがち

・クマに白いコンシーラーを使って濁る
・隠したつもりがなじませすぎてシミが浮き出る

POINT 4 パウダーで質感を整える

パウダーは全顔ではなく額、小鼻の脇など皮脂の出やすいところにのせるのが基本。顔の中でツヤの強弱をつくることでメリハリも出せます。メイクによっては〝のせない〟もアリ。

やりがち

・顔中くまなくパウダーで厚塗りする
・過剰なパール感で肌のアラが悪目立ち

POINT 5 立体感を出すのは ハイライト&シェーディング

年齢を重ねることで失われる立体感をハイライトとシェーディングで蘇らせます。ただし、のせる量に気をつけて。かなりうっすら、さりげなく入れるのが老け見え回避のコツです。

やりがち

・のせている位置がはっきりわかるくらい濃くのせる
・白光りするハイライトを選んでしまう

BASE MAKE-UP

1　下地

ベースメイクの出来は下地使いで7割決まります

ベースメイクの全工程の中でもっとも重要なのが下地。ここでしっかり肌を整えておかないと、上から何を重ねても欲しい仕上がりにはたどり着けません。ここで仕込みたいのは、うるおいとなめらかさ、明るさ。みずみずしいツヤで透明感を上げつつ小ジワなどの細かな凹凸を目立たなくするうるおい下地と、トーンアップが叶う肌色補整下地の2種使いがマスト！　もちろん、厚塗りする必要はありません。必要な範囲に、必要な分だけ。目指すべき仕上がりは指でそっと押した際に、キレイなツヤリングが出れば正解！

＼ツヤのリングが出ればOK／

2種類使う！

| STEP1 |
うるおい下地
＋
| STEP2 |
肌色補整下地

| STEP1 |

うるおい下地

みずみずしいテクスチャーで肌をなめらかに整え、自然なツヤを与える下地。トリートメント成分を配合し、保湿効果に優れるものも。

MAP

塗る範囲はフェイスラインのキワまで＆首

肌の細かな凹凸をなめらかにするため、うるおい下地は顔全体に。顔との色の差が出ないよう、首も忘れずに。目まわりなど細かい部分は指先で。

指に残った分をキワに

指でやさしく広げてなめらかに整える

両頬、額、鼻先、アゴに５点置きしたら、頬は内→外、鼻は上下、額は下→上、アゴは放射状に広げる。指に残った分を、目まわりにもオン。

STEP2

肌色補整下地

肌のトーンを整えるための下地。ヘルシーな明るさが欲しいときはオレンジ系、柔らかな明るさが欲しいときはピンク系を。

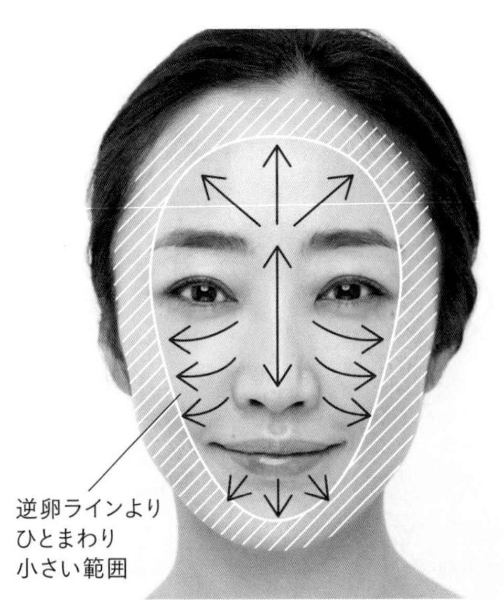

フェイスラインを外し、中心部分に

ツルンとキレイな丸み（＝ボリューム）を出すため、塗るのは高さが欲しい顔の中心のみ。顔の中の逆卵形を意識すれば、シャープな小顔に。

手に残った分を細部にオン

完璧なカバーが目的ではないので、まぶたなどの細かい部分は手に残った分をのばすのみに。厚塗りにすると目が小さく見えたり、ヨレたりするのでつけ足しはしないこと。

オススメ下地

うるおい下地

みずみずしさはピカイチ。透き通るような美肌に!

なめらかなテクスチャーで肌をうるおいラッピングする感覚。肌表面の小ジワをうるおいで埋めてフラットに。透明感もUP。クリアカバー リキッドベース 30mℓ ¥8250／アンプリチュード

ただうるおうだけでなく、毛穴レスな肌になれる

毛穴や凹凸を均一に整え、なめらかに。うるおうのにテカらない奇跡のバランス。ヴォワール コレクチュール n SPF25・PA++ 40g ¥7150（編集部調べ）／クレ・ド・ポー ボーテ

肌色補整下地

イキイキとした印象をつくるオレンジトーン

自然な血色を宿せるミルキーなオレンジ。くすみもとばしてヘルシーな肌に。モデリング カラーアップ ベース OR200 SPF25・PA++ 30g ¥4950／エレガンス コスメティックス

幸福そうな肌色をつくるスイートなピンク下地

淡いピンクのベースに多彩なパールを配合。内側から湧き出るような発光感と自然な血色が同時に手に入る。ロージー グロウライザー SPF20・PA++ 30mℓ ¥3520／コスメデコルテ

FOUNDATION

2 ファンデーション

ファンデの役割は質感をコントロールすること

ファンデだけで肌のアラを隠そうとしてはいけません。
ドレスの生地を選ぶように、なりたいムードを纏うため、
質感や色をコントロールするためのものなのです。
ツヤツヤ？　セミマット？　それともモードなマット？
下地というコルセットで理想のフォルムに整えた肌に、
キレイなドレスを纏わせる感覚。だからこそ、
薄膜仕立てがベストバランス。いろいろな仕上がりの
ファンデがありますが、老け見え解消にオススメなのは
内側から光を放つツヤ肌になれるもの。
アイテムごとに量の差はありますが、
ファンデには通常、粉体が配合されています。
だから、重ねれば重ねるほど透明度が低くなり、
せっかく下地で仕込んでおいたイキイキとしたツヤも
明るさも台無しになってしまいます。
塗る範囲もとても重要です。
フェイスラインを外して塗ることで、年々たるんで
大きくなりつつある顔が、すっきり！
頬の丸みをはじめとした顔の立体感も強調できるメリットが。

思っているより うんと少なく!

量の目安は小豆粒大。塗る範囲が狭く、薄膜に仕上げたいのでごく少量で十分。のびが悪いと感じるなら、スキンケア不足の可能性もあります。

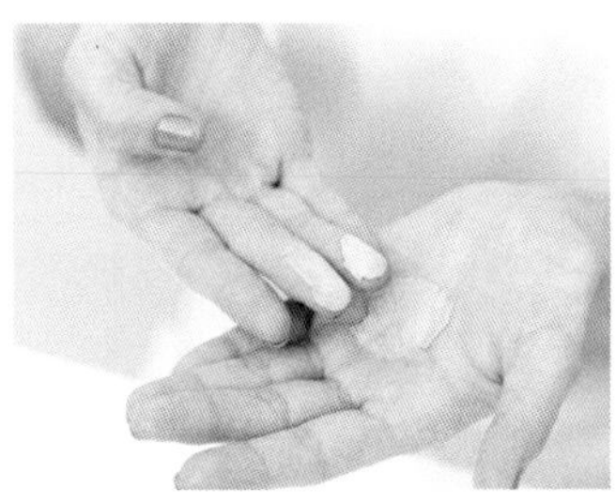

指 **で塗ると**（基本）

▶ 質感と色みがしっかり出せる

ブラシ **で塗ると**

▶ 薄くナチュラルに仕上がる

MAP

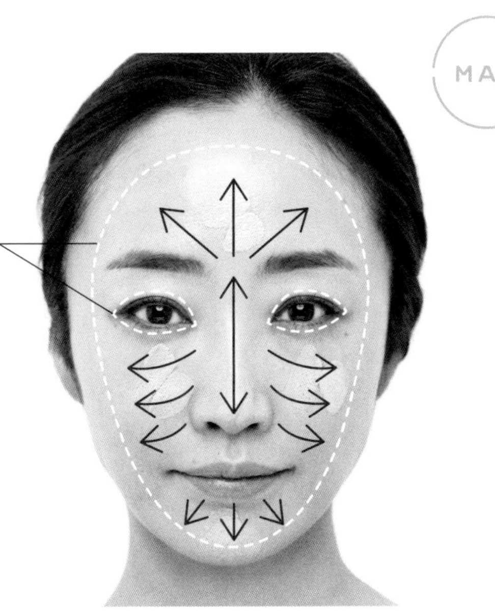

フェイスラインを外して広げる

両頬、額、鼻先、アゴの５点にのせ、顔の中心から放射状に広げる。目のキワとフェイスラインは厚く塗るとのっぺりとした印象になるので薄く。

スポンジでなじませ境目をぼかす

スーッ

顔の中心部分に指でムラなく広げスポンジでさらになじませる。そのスポンジでフェイスラインをひとなで。ファンデを塗った部分とそうでない部分の境目をぼかすように。

オススメアイテム

肌当たりが優しく、均一な薄膜づくりに大活躍。底面の部分は頬などの広い部分に、先端部分は目まわりなどの細かい部分に最適。＆be ブラックスポンジ ￥770／Clue

ハンドラップで密着させる

顔の丸みに手のひらを沿わせて優しくハンドラップ。手のひらの熱で下地とファンデを肌にピタッと密着させて。筋や塗りムラが気になるときはスポンジでならしてから。

オススメファンデーション

ムチッと肉厚な光を放つ ヘルシーグロウな肌に

撮影時のベースメイクにも使うことが多い名品。リアルなツヤ感で鮮度の高い肌に。ルナソル グロウイングシームレスバーム SPF15・PA++ 全６色 30g ￥6600／カネボウ化粧品

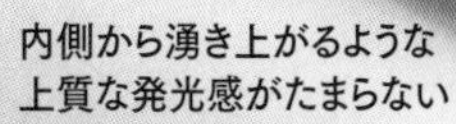

つけている間ずっと心地よく スキンケア効果も充実

なめらかで、自然な仕上がりなのにハイカバー。ディオールスキン フォーエヴァー フルイド グロウ SPF35・PA++ 全８色 30㎖ ￥6600／パルファン・クリスチャン・ディオール

内側から湧き上がるような 上質な発光感がたまらない

保湿力が高く、乾燥の季節にも活躍。濃密なツヤにうっとり。ザ クリーム ファンデーション SPF15〜25・PA++〜+++（色番によって異なる）全23色 30g ￥11000／SUQQU

CONCEALER

3 コンシーラー

適材適所のモノ選びで上手な〝嘘〟をつきましょう

クマやシミ、肝斑といった肌のノイズが下地やファンデを
塗っても浮き上がり、目立ってしまう。そんなときに活躍する
コンシーラーは、必要な部分だけに最小限忍ばせる〝嘘〟。
あくまで素肌そのものが美しいと装わねばなりません。
だから厚塗りを回避して、いかにも〝隠してます！〟と
ならない工夫が大切です。そもそも、肌のノイズは
1 種類のコンシーラーでは隠せません。
ニキビや小さなシミにはカバー力が高い、「点」で隠せるタイプ。
色ムラや肝斑には、ファンデとなじむ薄膜の「面」でカバーするタイプ。
ノイズの種類によって異なるテクスチャーや
色みのコンシーラーを用意することが必要です。
また広範囲にべったりとのせると厚みが出て、
塗った部分とそうでない部分の肌の質感や色の差が
目立つので、のせる際は塗布したまわりだけをぼかすように。
隠したい箇所を触りすぎると、
せっかくのコンシーラーが取れてしまいます。
そこに気をつけるだけで、メイクの精度はグンと上がります。

Make up

ニキビ 小さなシミ は 点で隠す

手の甲のほくろで実演

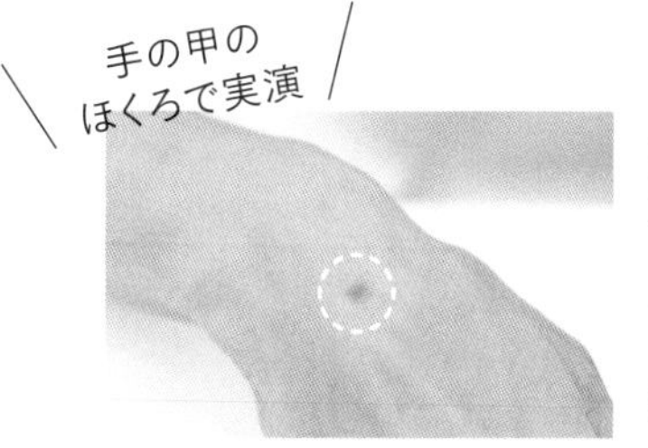

コンシーラー前

| BEFORE |

▼

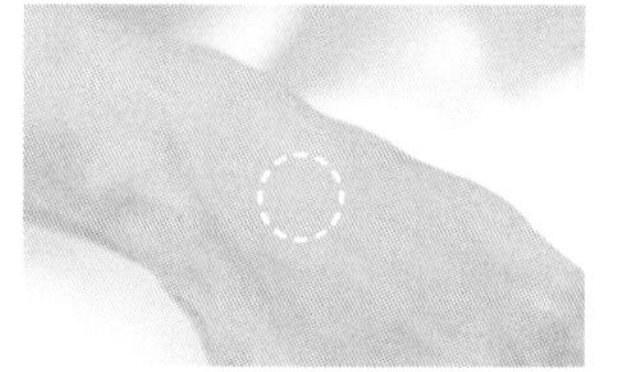

コンシーラー後

| AFTER |

肌にピタッと留まる硬めのテクスチャーでピンポイントに狙い撃ち。ニキビや小さなシミを隠す際はこれが必要。点で隠すコンシーラーには、テクスチャーが硬いぶん指でなじませると剝がれやすいという特徴が。ブラシで塗ったら、パウダーをパフでオン。なるべく指で触らないように。

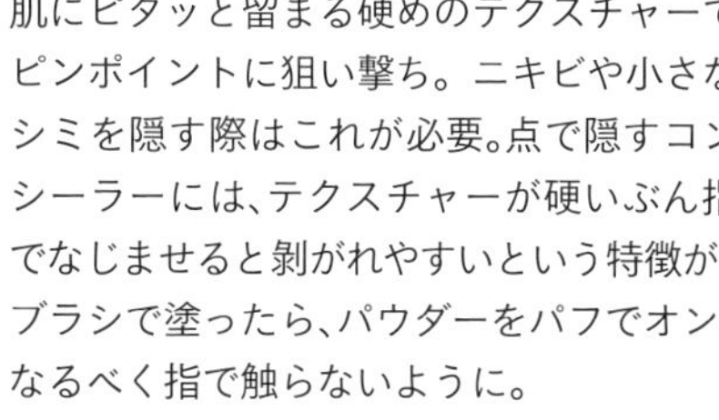

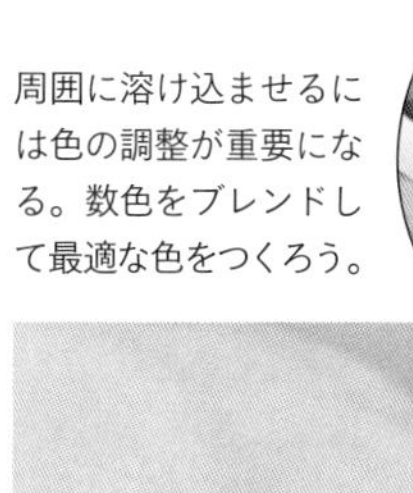

周囲に溶け込ませるには色の調整が重要になる。数色をブレンドして最適な色をつくろう。

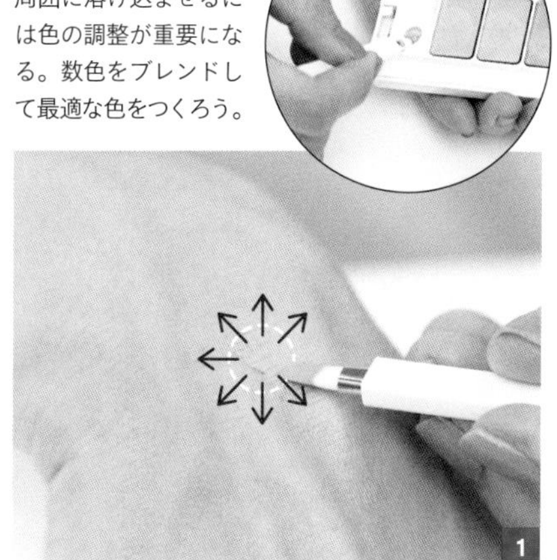

1

シミやニキビよりひと回り大きくブラシでオン

数色をブレンドして肌色と同じ色をつくったら、隠したい部分を起点に倍の広さにブラシでのせる。その後、のせたコンシーラーの輪郭をブラシでなじませ、肌に溶け込ませる。

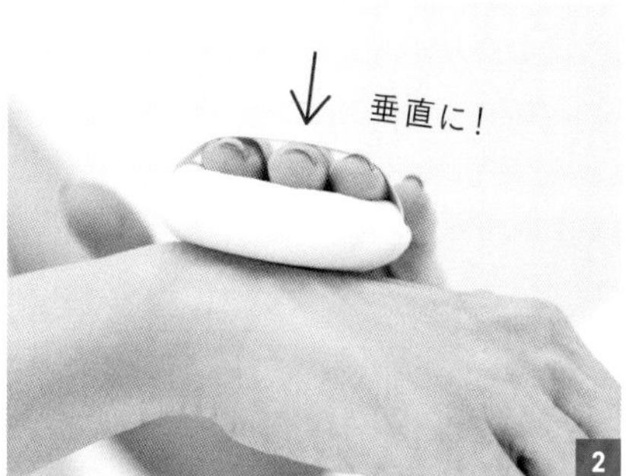

2

パウダーをパフでのせて固定する

パウダーをパフに少量含ませたら、コンシーラーをのせた部分に対して垂直にオン。コンシーラーの油分をパウダーでおさえてくずれをブロックしつつ、肌の質感を均一に揃える。

大きなシミ クマ は 面で隠す

ニキビなどに比べると範囲が広い、クマ、肝斑、大きなシミ。これを硬いテクスチャーのもので隠そうとすると、その部分が逆に悪目立ちしてしまいます。なので薄膜の面で隠せるタイプがオススメ。また、コンシーラーの色にもこだわって。クマはオレンジ系のコンシーラーを使うと自然にカバーできるし、シミや肝斑には肌と同じ色みがオススメです。

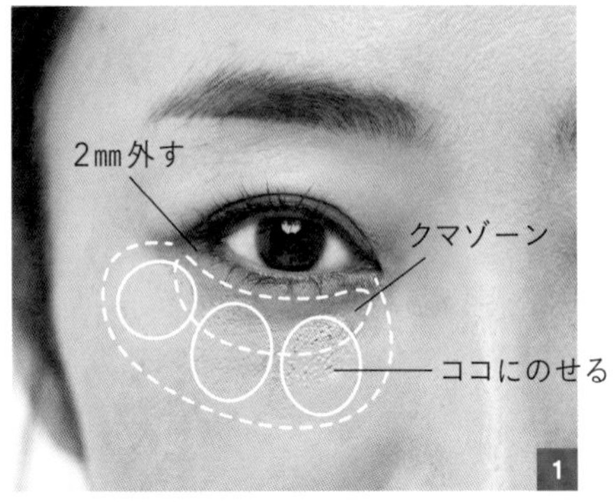

隠したい部分より やや広めに3点置き

クマとそうでない部分の境界線をまたぐようにコンシーラーを指で3点置きする。コンシーラーを目のキワギリギリまでのせると、目が小さく見えるので、キワから2㎜外して。

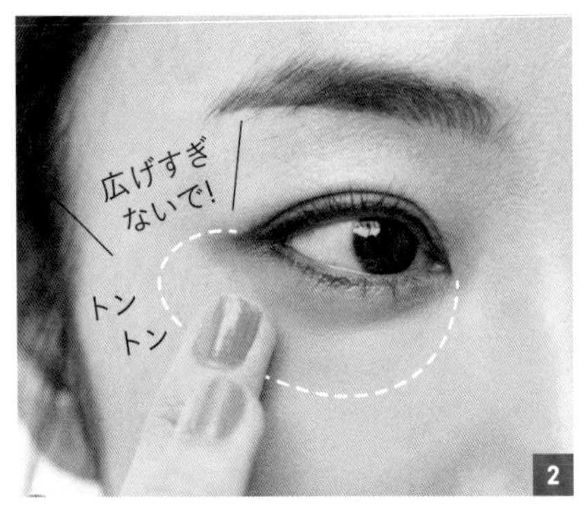

トントンと優しく なじませる

指の腹が肌に対して平行になるようにして、トントンと優しくコンシーラーを密着させる。左右にすべらせる塗り方は、こすれてはがれやすく、ムラにもなりやすいのでNG!

点で隠す場合も、面で隠す場合も

コンシーラーを塗るタイミングは**ファンデの形状**によって異なる

パウダーファンデーション ▶ ファンデーションの前

リキッド、クリームファンデーション、クッションファンデーションなど ▶ ファンデーションの後

つまり、**"粉もの"の前!**

オススメコンシーラー

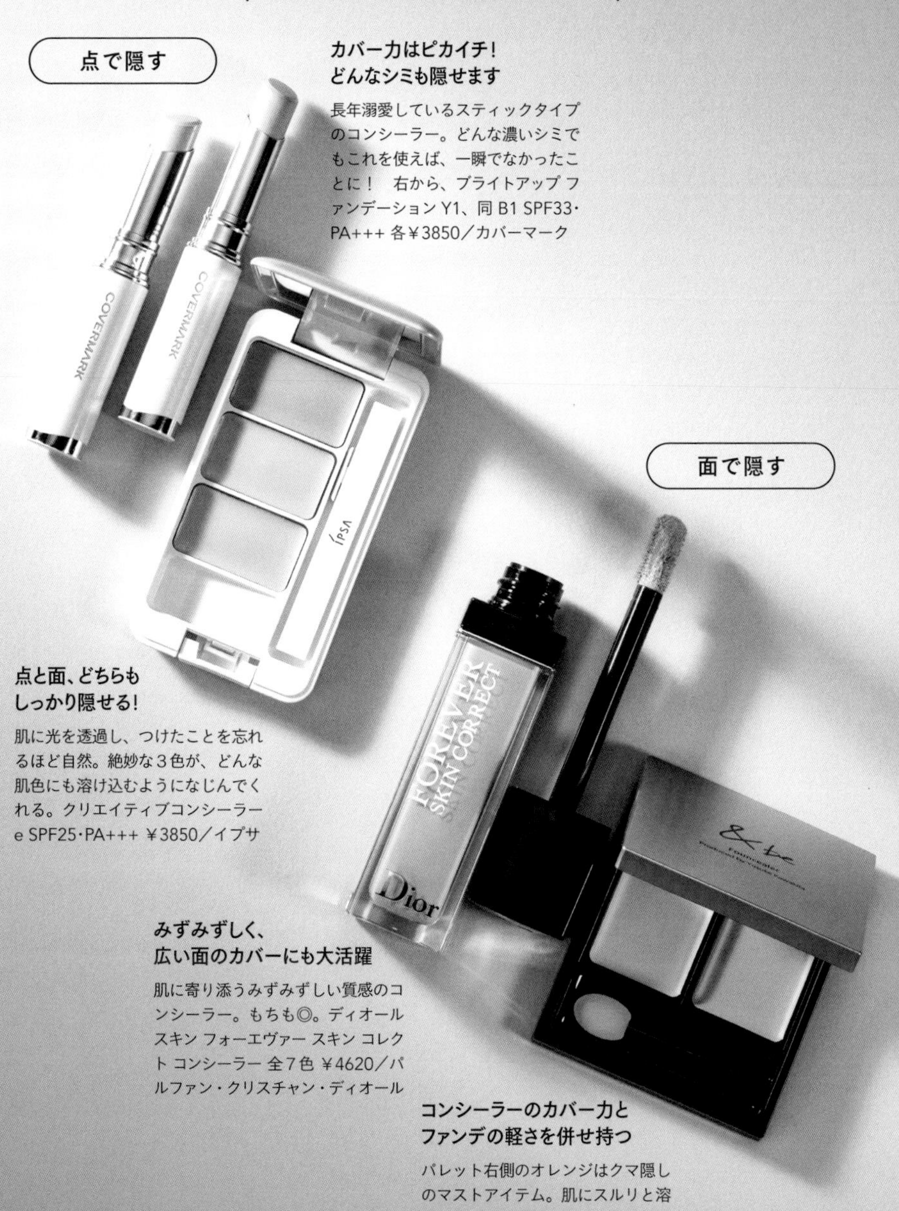

点で隠す

カバー力はピカイチ!
どんなシミも隠せます

長年溺愛しているスティックタイプのコンシーラー。どんな濃いシミでもこれを使えば、一瞬でなかったことに！ 右から、ブライトアップ ファンデーション Y1、同 B1 SPF33・PA+++ 各￥3850／カバーマーク

点と面、どちらも
しっかり隠せる!

肌に光を透過し、つけたことを忘れるほど自然。絶妙な３色が、どんな肌色にも溶け込むようになじんでくれる。クリエイティブコンシーラー e SPF25・PA+++ ￥3850／イプサ

面で隠す

みずみずしく、
広い面のカバーにも大活躍

肌に寄り添うみずみずしい質感のコンシーラー。もちも◎。ディオールスキン フォーエヴァー スキン コレクト コンシーラー 全７色 ￥4620／パルファン・クリスチャン・ディオール

コンシーラーのカバー力と
ファンデの軽さを併せ持つ

パレット右側のオレンジはクマ隠しのマストアイテム。肌にスルリと溶け込むみずみずしいテクスチャーと高い密着力の両立も嬉しい。&be ファンシーラー 全２色 ￥3850／Clue

POWDER

4 パウダー

覆い隠すのではなく、
ツヤの強弱を調整するために

仕上げのパウダーも薄膜仕立てが鉄則。パウダーをのせる理由は、もちろんくずれにくくするためでもありますが、肌を粉で覆い隠してしまうのではなく、極薄のヴェールでツヤの強弱を調整したり、風合いを整えるのも大切な目的。必ずのせるべきは、皮脂が出やすかったり、くずれやすい部分。なかでもほうれい線やマリオネットラインはテカっていると老けて見えるので忘れずに！　パウダーはきめ細かいタイプを大きなブラシでふわっとのせるのが、キレイに仕上げるコツ。

オススメパウダー

肌のくすみやどんより感を５色のペールカラーが明るくすべらかに整え、澄んだ透明感が持続する。ラ プードル オートニュアンス Ⅰ ￥11000／エレガンス コスメティックス

きめ細かな粉質で、透け感を保ちつつ黄ぐすみや色ムラのカバーをきっちり叶える。スキンケア効果も嬉しい。エレメンタリー フェイスケアパウダー Ouju 11g ￥9680／ITRIM

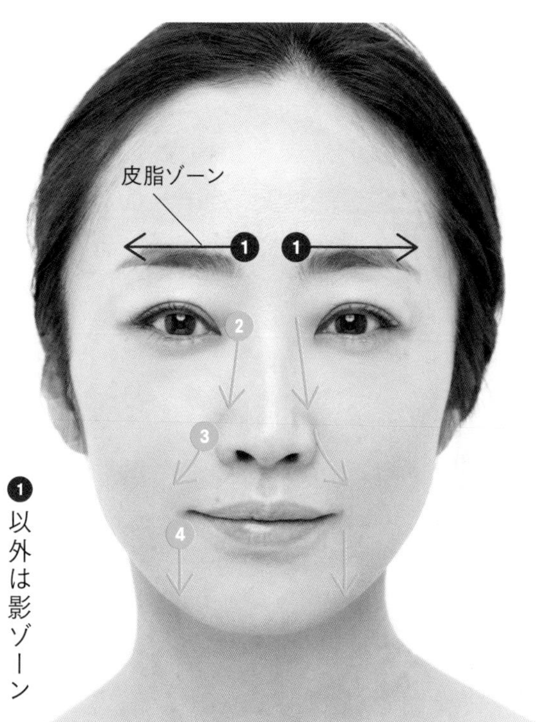

皮脂が気になる部分と影になる部分に塗る

皮脂が出やすい眉上、影が気になる鼻横や口角など、パウダーはポイント的にのせる。大きめのブラシを使い、霞がかかったような薄膜ヴェールに仕上げて。

粉っぽくなったときは……

ハンドラップでツヤを戻す

パウダーをのせたことでツヤが失われてしまったら３秒間のハンドラップでツヤを復活させる。顔の内側から外側へ手のひらを３秒ごとにずらして。

HIGHLIGHT & SHADING

5 ハイライト&シェーディング

光と影を適切にのせて、つるんとキレイな卵形に!

年齢を重ねると顔がだんだんと歪んで左右差が出てきます。
さらにたるんで顔が大きく長くなったり、こめかみのくぼみや
頬がこけてしまうことも。ハイライトとシェーディングの
光＝高さを出す、影＝シャープに引き締めるという特性を利用し、
歪みや左右差を補整して、正しい立体感を取り戻しましょう。
のせるのはごくごく少量でOK。鏡で見たときにのせている範囲が
自分でもわからない程度、「なんとなく変わったかな？」くらいの
薄膜仕立てが顔立ちを美しく見せます。

オススメシェーディング

A イエロー＆レッドニュアンスの２色のブラウンがジャストな影色に。シャドウプレイコントゥアリングパレット ￥5500／THREE

B ノンパールのふんわり質感。肌に溶け込みリアルな影を生む。キャンメイク シェーディングパウダー 03 ￥748／井田ラボラトリーズ

オススメハイライト

数色を混ぜて絶妙な肌色に。ディオール バックステージ フェイス グロウ パレット 004 ￥5390／パルファン・クリスチャン・ディオール

MAP

ハイライト

HIGHLIGHT

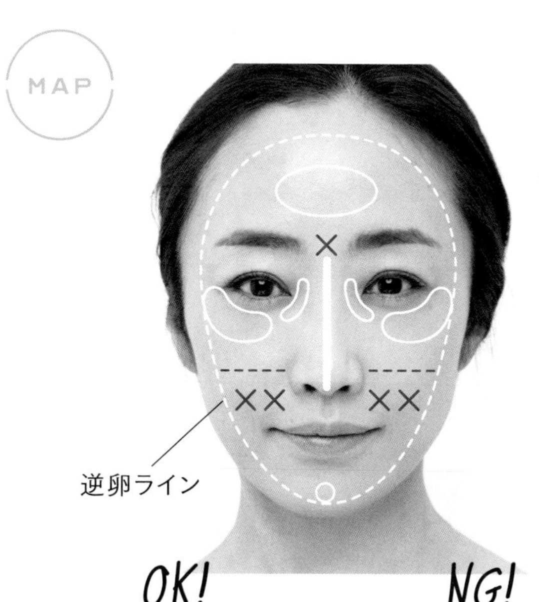

OK!

のせる場所

**額・頬・目頭
鼻筋・アゴ先**

NG!

のせてはいけない場所

眉間・小鼻から下

ハイライトは広げすぎない!

ハイライトをのせた場所はハリが出るので、広く塗ると顔が膨張して見えてしまう。特に小鼻から下部分（アゴ先以外）にはのせないこと。

額に丸みを出すようにのせる

目標は、韓国の女優さんみたいな可愛いおでこ。ハイライトを額の真ん中にふわっとのせると、その部分に高さが出せて、可愛い丸みが出現する。

MAP

シェーディング

SHADING

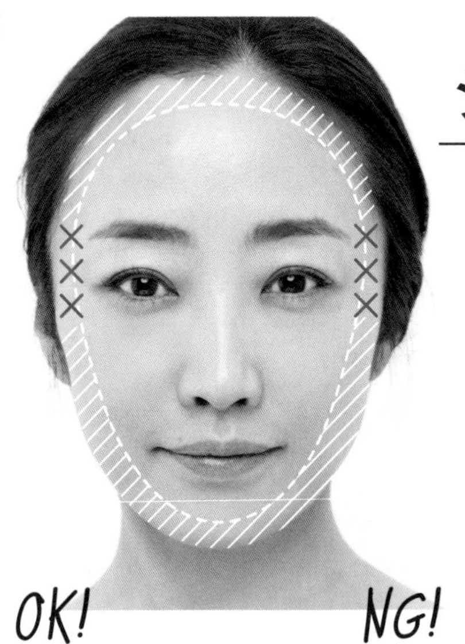

シェーディングはこめかみを外す

基本的にシェーディングはフェイスラインにうっすらとぼかし込む。ただし、こめかみは年齢を重ねると凹みやすいので外して。また、頬がこけている場合には耳から下の部分も外すこと！

OK!

のせる場所

「逆卵」からはみ出た部分

NG!

のせてはいけない場所

こめかみ
（※凹んでいる場合のみ）

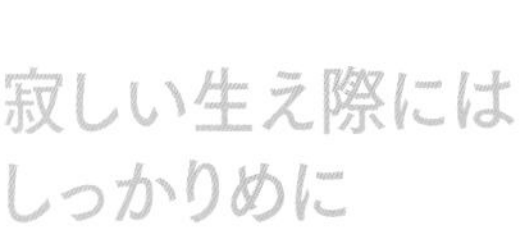

寂しい生え際にはしっかりめに

生え際の毛の薄い部分の地肌にもシェーディングをのせる。また、色をのせることで、額の丸みを理想のフォルムに錯覚させる効果も期待できる。

ハイライト&シェーディング

HIGHLIGHT & SHADING

ハイライトのツヤが出ているかCHECK

| ハイライトの位置 |

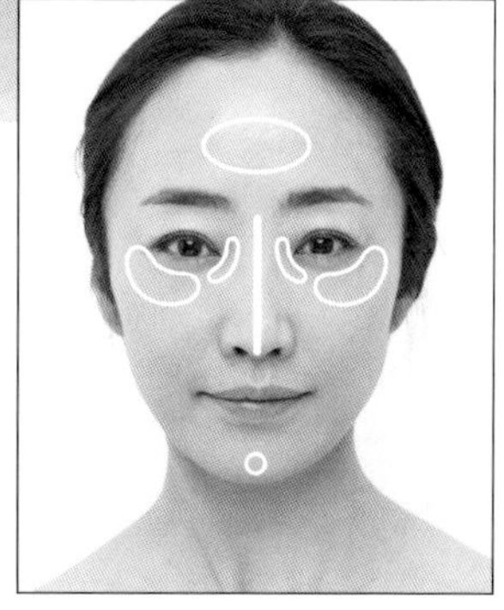

首を左右に振って ツヤが走るかをチェック

顔を動かしたときにキレイなツヤが走るかどうか、影色を入れた部分が悪目立ちしていないかをチェック。ハイライトとシェーディングは、色そのものではなく光と影の塩梅で仕上がりを確認して。

2手間を!

パウダーやハイライト、チークなどの〝粉もの〟を均一な薄膜状に肌へのせるためにはテクニックが必要。仕上がりの質が格段に上がる2ステップを紹介。

中まで含ませる

フタなどに適量の粉を出し、そこにブラシを垂直に下ろしてクルクルと動かす。毛先だけでなく、ブラシの中までしっかり粉を含むように。プレストタイプなら、表面でブラシをクルクル。

ムラを防いで キレイに仕上がる "粉もの"にはこの

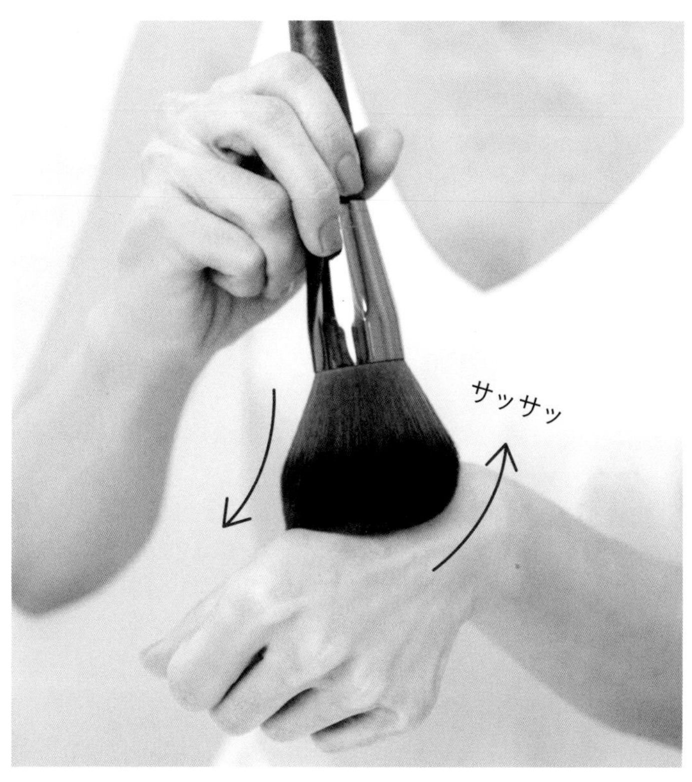

払い落とす

パウダーをブラシに含ませてすぐに肌にのせると、多すぎたりムラづきの原因になってしまうので、必ず"払う"ひと手間を。手の甲でブラシを軽く往復させて、余分な粉を払い落として。

夕方老けないための日中お直し

朝は完璧でも、夕方には皮脂や湿気、乾燥で、
肌がくすんだり小ジワが目立ったり。
そうならないためには、日中の〝追い保湿〟が有効。
くずれた部分もキレイに直せる！

1

乳液をコットンにのせて含ませる

くずれた部分のオフはクレンジングよりも乳液で。油分でメイクが落とせるし保湿も叶う。小分けケースなどに入れて持ち運びましょう。

くずれたところだけ！

2

くずれた部分をコットンでオフ

くずれた部分に1のコットンの面を当てて、メイクをなでるように拭き取る。摩擦の刺激を避けるため、ソフトに行うのがポイント。

オススメアイテム

乾燥してしぼんだ肌も乱れたキメもうるおいチャージでふっくら。ファンデを重ねても表面つるり。ザ・タイムR デイエッセンススティック 9.5g ￥3190／イプサ

スティックタイプの美容液で保湿強化!

拭き取った部分には、保湿効果の高いスティック状美容液を重ねて乾燥をブロック。薄くのせたら、指でトントンと優しくなじませる。

オフした部分を指でトントンなじませる

オフした部分に残った乳液を指で軽くなじませて、他の部分との色と質感の差をならす。乾燥が気になる部分にも同様の手順で行って。

※1〜4のステップの後は、UV効果のある下地やファンデを重ねる。

顔の中にはいいシワ、悪いシワがある

「シワ＝老け」ではないと思っています。できるだけシワはできないよう予防し、できはじめたシワをケアすることは必要だとしても、顔の上の線ひとつ許さないという概念からは常に離れていたい。そう思います。それは、シワの中には、表情を豊かに見せるシワと老け見えさせるシワの2つがあるから。あたたかく豊かな表情の一部であるシワとは、一緒に生きていきたいなと感じています。共に生きていきたいシワ、これは笑いジワ。目尻にできるシワや涙袋の下にできる線。ここはその人のあたたかみが出る。このシワを持っている大人の女性のチャーミングであたたかい笑顔には、人の心をもあたたかくする魅力を感じます。さらに、それらのシワには、実は目を大きく立体的に見せてくれる効果も。深くなる、線が増えすぎる、長くなることはケアしながらも、不自然に消したりするのはもったいないなと思っています。

撮影でも、画像に少しの修整を加えるのが普通になっていますが、私は「シワは消しすぎず残してください」とお願いすることが多いです。そのほうが、今の私らしさが出るような気がして。友人である美容クリニックの医師も「このシワはすべてなくすと不自然で作った顔になるし、魅力的じゃないよね」とよく口にします。〝シワはないほどいい〟といつのまにか刷り込まれ、自分の顔の上にあるシワをにくいと思ってしまいがちな私たちにとって、それは忘れずにいたい言葉です。一方、悪いシワは怒ったときや悲しいときに出

眉間の縦ジワやほうれい線、口まわりのシワなど、〝縦〟に刻まれるシワ。るシワは表情をくもらせ、老けの印象も深くします。

年々顔の上に刻まれるさまざまな種類のシワ。ケアするべきシワは徹底的にケアし、「でも、このシワはなんかいいね」と思える余裕も持ちながら、付き合っていけたら最高、と思います。

第三章／メイク

Make-up

Megumi's method

ただ塗る、というメイク方法から離れ、
ここからは「どう塗り、どう見せるか」を考えることです。
そして、ただ大きく見せる、はっきり見せる、
といったパーツメイクの意識も変換。
大人の顔を美しく見せる方法を覚えましょう。
目指したいのは、心地よく、美しく、自分らしい、今の顔です。

必要なのは、調整と軽やかさ

メイクには自由があります。下地やファンデーションによって、さまざまな質感の肌が生まれ、色や線次第で、無限の顔が生まれます。その気になれば、365日、すべてを違う顔で生きることもできるほどです。

毎日その日の自分にぴたりとくるアイテムや色を選びメイクをする。そのたびに感じる、新しい自分が始まる楽しさ。つるんとうるんだ肌にみずみずしい気持ちをもらい、整った眉に無敵になれたような力をもらい、昨日できなかったことも、今日の自分ならできる気がしてしまうくらいに、生まれ続ける新しい自分。これこそ、メイクの威力だと感じるのです。

メイクは自由。だからこその難しさがあります。この自由の中に反映される自分の心や願望。これが大人になるほどに厄介になることもあるのです。

例えば、若かったころのように、シミやシワのない肌に戻りたい、という願望は、素肌をこれでもかと塗りつぶし重く不自然な肌を作ります。とにかくもっと大きな目に、という思いは、太く引かれたアイラインや、塗り重ねられた極太のまつげをつくります。血色が薄れ印象がぼやけた顔に、肌色との境界線がくっきりと確認できるほどのチークがのる。すべてが、〝やりすぎ〟に向かってしまう傾向。一方で、「もうどうしていいのかわからない」とキレイになるためのアンテナをしまってしまい、〝やらない〟あるいは〝やれない〟方もいるでしょう。これらが「老け印象」をつくることにもなるの

適度な

です。

大人のメイクには何が必要なのか？　それは適度な調整と軽やかさ。数十年前、数年前の若かった自分の顔を追うのではなく、今キレイな自分を目指すことです。年齢を重ねた肌や顔の上に、そぐわない質感や色がのることで生まれる歪みや違和感は避けていきたい。私の体で例えるなら、膝の上に肉がもっさりとのった中年の脚に超ミニスカートが組み合わさってしまったときのような、あの感じ。大人の顔時間をただ巻き戻そうとするたびに、この違和感が顔の上に現れます。膝の肉とミニスカートのように、余計に老けを浮き彫りにしてしまうのです。

老け印象をつくるエイジングサインは、ピンポイントでカバーをしたり、調整したり、あるいは、「今日はこうありたい」という意思を軽やかに表現したり。今の自分を無視せず、「若見せ＜今の自分」になるようなキレイを目指しましょう。

この章では、エイジングサインを効果的にカバーし、今の顔そのものが美しく見えるメイクのポイントをご紹介します。年々失われゆく、ハリ、ツヤ、透明感、血色感を高め、小さく立体的な顔になる方法。若作りやイタさとはまったく別の、生き生きと輝く、自分らしい美しさをつくる方法を詰め込みました。

まずはメイクの順番を見直す

実はメイクは目↓頬↓唇と上から下に向かってすると、老けた印象になりやすい。なぜなら、メイクを目元から始めると、ついつい盛りすぎとなり全体のバランスが悪くなるし、同じような顔にもなりやすいのです。トレンドカラーのシャドウやリップに挑戦したけど似合わない、なんだかいつもと代わり映えしない。そんなお悩み解消に最適なのが、メイクの順番を変えること。まず顔の骨格となる眉を描いたら、次はシャドウではなくリップを。唇は色や質感によってわかりやすく纏う雰囲気を変えてくれるから、その日に目指す方向性によって淡い、濃い、ツヤ、マットなどからベストなものを選んで塗ってみる。そしてそれに合わせて、アイメイクの盛り具合を調整。さらに血色を必要な分だけチークでプラス。こんなふうに唇をキーに濃度を調整していくと、バランスよくこなれた顔がつくれます。老けないメイクを会得したいなら、まずはメイクの順番を変えるところから始めましょう。

老けないメイク順

EYEBROW

1	眉

▼

LIP

2	リップ

▼

EYE

3	アイメイク

▼

CHEEK

4	チーク

MAKE-UP PROBLEMS :

メイクで"老け見え"する理由

ボリューム問題

1 のっぺり塗りで平坦顔

例外もありますが、シャドウやチーク、リップはなじませる、ぼかすといった工程が不可欠。肌からメイクの色が浮くと、土台のアラが目立って老け見えに。メイクは色をくっきり塗るのが正解とは限りません。色によっては透けさせたり、なじませたりすることで、ふっくらとした適度なボリュームが生まれます。

ボリューム問題

2 くっきり輪郭がしぼみを強調

加齢により、顔のパーツはぼやけてきます。それを補整しようと太いアイラインなどで輪郭を強調しすぎると、かえって目が小さく見えたり、パーツのしぼみが際立ったり、全体のバランスも悪くなります。眉も同様。理想の輪郭になるようにオーバーに描くのはOKですが、適度な濃さや太さを心がけて。

ツヤ問題

3 バランスの悪さで老け見え

チークの色とツヤのバランスが悪いと、のせた際に毛穴や小ジワといった肌のアラが目立ちます。くっきりした色でツヤツヤのリップをのせると、唇だけが肌から浮いて老け見えに。こんなふうに色とツヤのバランスはとても大切。カラーメイクは"更新"もマスト。色みやツヤが昔のままだと古い印象に。

老け見えするメイク

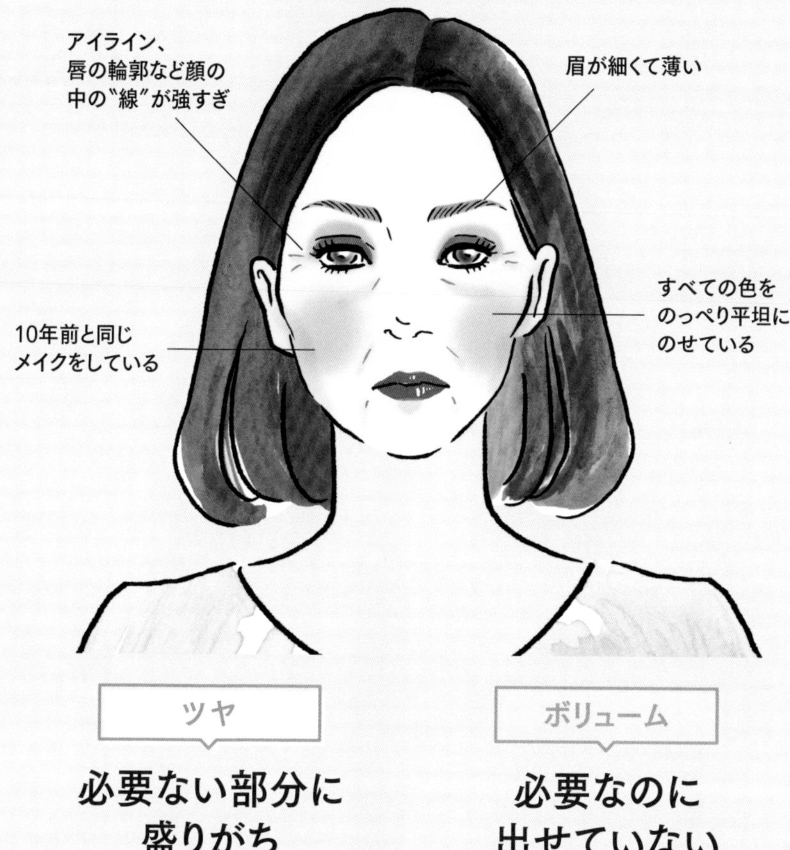

ツヤ

必要ない部分に盛りがち

グロスのテカテカ感、シャドウやチークのラメ感は、過剰にのせると、顔全体が古い印象になります。のせる量、ラメの大きさなどを工夫して、ちょうどいいツヤを目指して。

ボリューム

必要なのに出せていない

ふっくらとした唇、まぶたや頬のハリなど、メイクで出すべきボリュームはたくさんあります。色やツヤの濃度や透け感などを駆使して、理想のボリュームへと操りましょう。

次のページから、メイクが老け見えしないテクニックをご紹介します。
まず、ひとつ。トライしやすい項目から始めましょう!

EYEBROW

1 眉メイク

Eyebrow

眉は描き方次第で老け見えが加速します

理想的な眉は、それだけで目を大きく、輪郭を美しく、たるみさえも引き上げて見せてくれます。ただでさえ描くことが難しい眉ですが、年齢を重ねるごとに、この難しさは高まっていく確率が高い。なぜなら、眉毛の一本一本がハリをなくし、細くなり、薄くなっていくから。さらに、表情筋にのるように位置している眉は、年々染みついていく表情グセとともに形を変えていきます。歪んだり、左右の形が違うように感じるのは、それが原因のひとつ。老け見え回避が叶う眉のセオリーは、眉の下のラインを除いた部分の輪郭を一段淡く描くこと。そのためには、ペンシルやパウダーでくっきりさせすぎず、さらに、描いた後にはスクリューブラシで輪郭を軽くなでましょう。眉にも流行があり、アップデートが必要。それは、雑誌の表紙をチェックすることで叶います。それも１誌ではなく、たくさん！　表紙には旬の女優やモデルが起用されていることが多く、たいていトレンドを反映したメイクをしています。つまり、その人たちの眉＝今の眉。そのディテールが、自分にとっての眉のスタンダードになるまで徹底的に脳になじませる。目指すゴールがイメージしやすくなります。

眉は加齢でこうなる

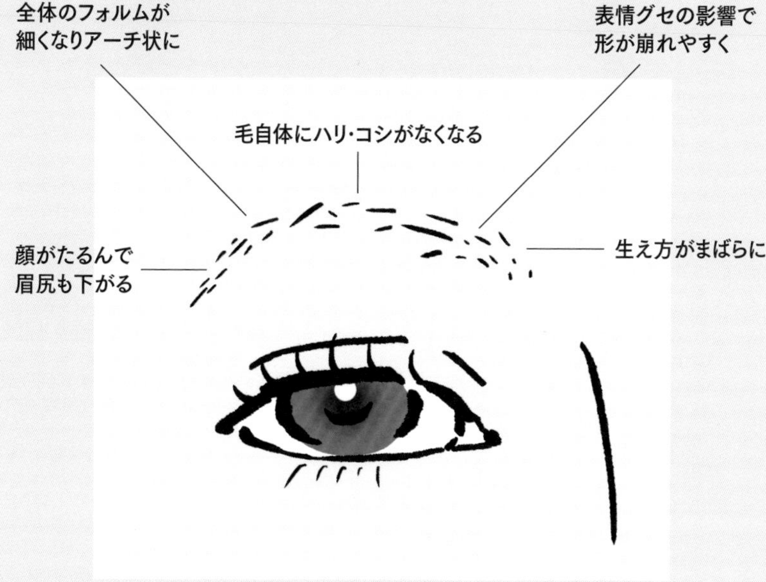
全体のフォルムが
細くなりアーチ状に
表情グセの影響で
形が崩れやすく
毛自体にハリ・コシがなくなる
顔がたるんで
眉尻も下がる
生え方がまばらに

POINT 1

理想の形を覚える

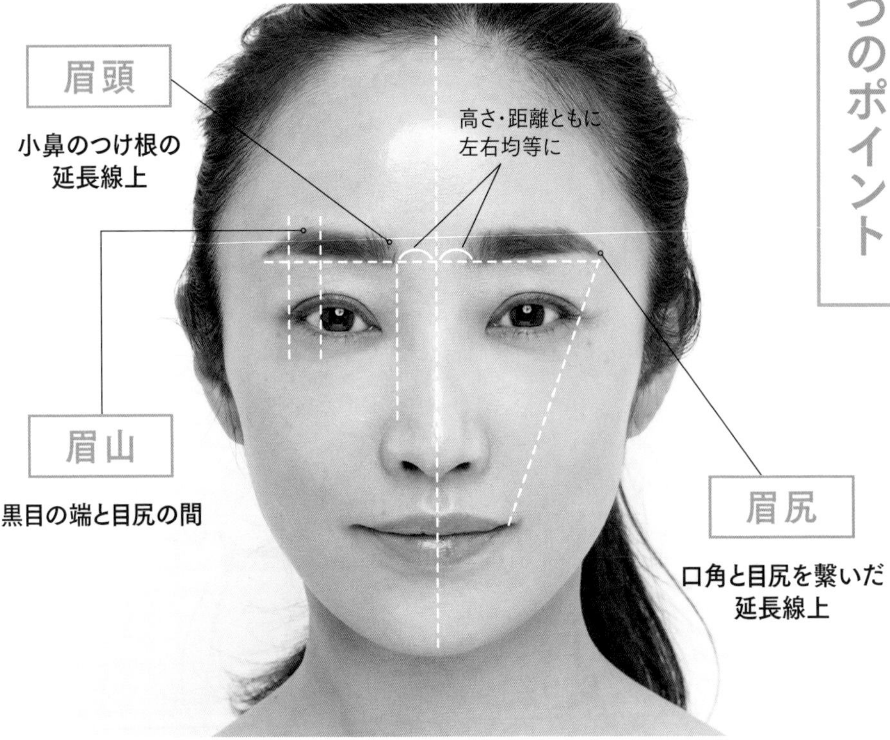

眉頭

小鼻のつけ根の
延長線上

高さ・距離ともに
左右均等に

眉山

黒目の端と目尻の間

眉尻

口角と目尻を繋いだ
延長線上

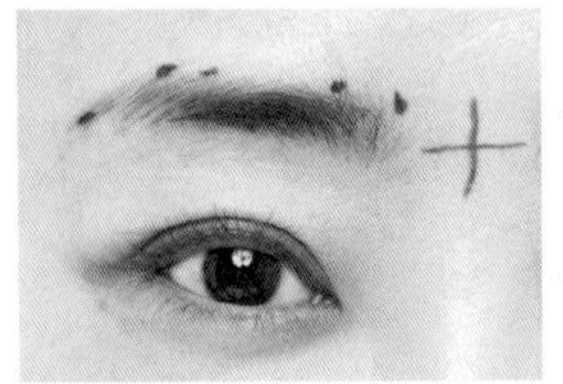

慣れないうちは
ガイドを描こう

慣れるまでは眉頭や眉山、眉尻のあるべき位置を、ペンシルを使ってマークしてみて。それを繋ぐようにして描けば失敗しません。マークは仕上げに綿棒などで消して。

骨格と表情筋に沿って自然でキレイな眉に!

眉頭、眉山、眉尻の位置には骨格や表情筋に沿った〝正解〟が存在します。そこを踏まえたうえで眉をメイクすると自然な形がつくれます。いくらキレイでも表情筋の動きを無視した眉は不自然。自分の顔を動画で撮影してチェックするのもオススメ。

POINT 2

太さは目幅の2/3以上

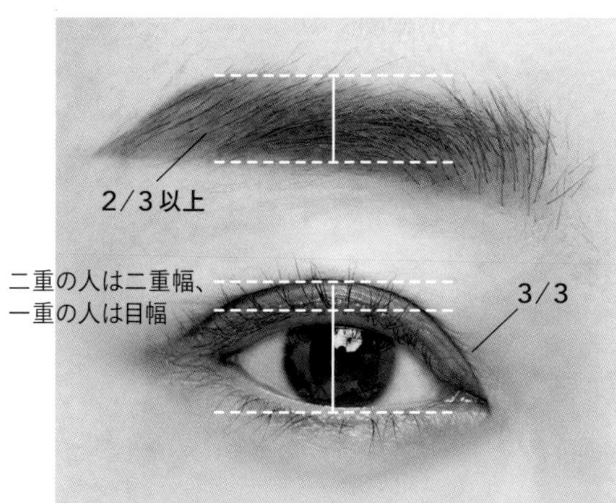

細眉は老け見えの元凶。適度な太さを心がけて

眉の太さは目の縦幅の2/3以上は欲しい。眉は細すぎると、老けて見えるだけでなく、目が小さく見えたり、顔の余白が目立ち、顔そのものが大きく見えてしまうから。

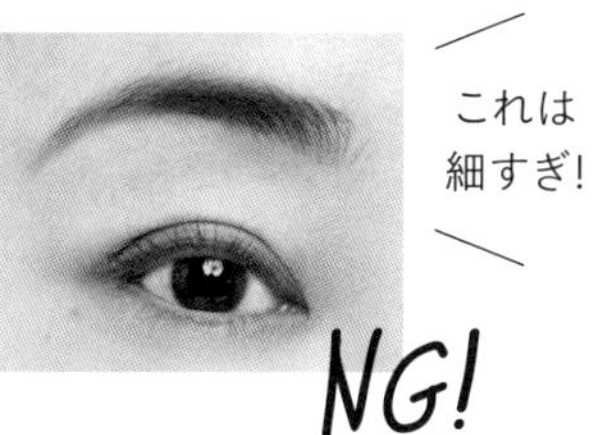

POINT 3

毛の長さは指でつまめるくらいに

フサッとした毛流れは長さがないとつくれない

毛を短く刈り込むと、毛流れが強調できずに不自然な印象に。長さをキープすることでフサッとした毛流れが生まれ、足りない部分をペンシルなどで描き込んでもその部分が悪目立ちしません。特に眉頭は抜かない、切らないを心がけて。

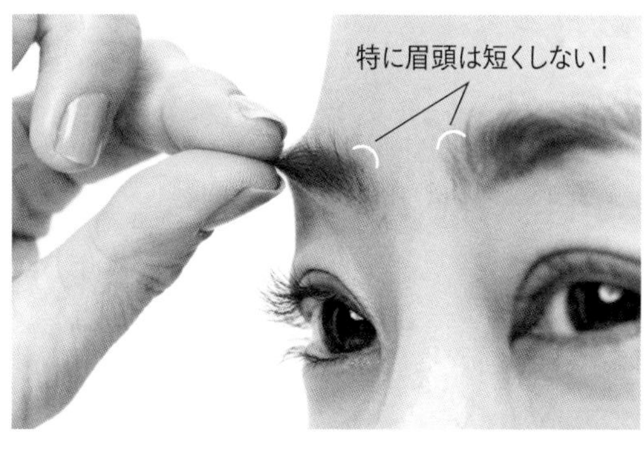

POINT 4

眉の下のラインをくっきり描く

《 ぼんやり 》

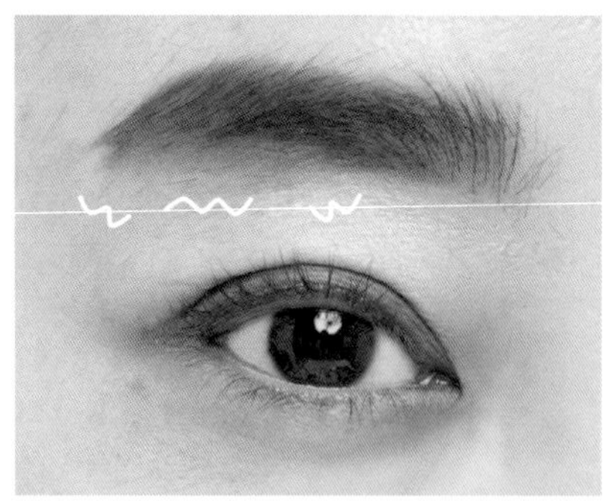

《 くっきり 》

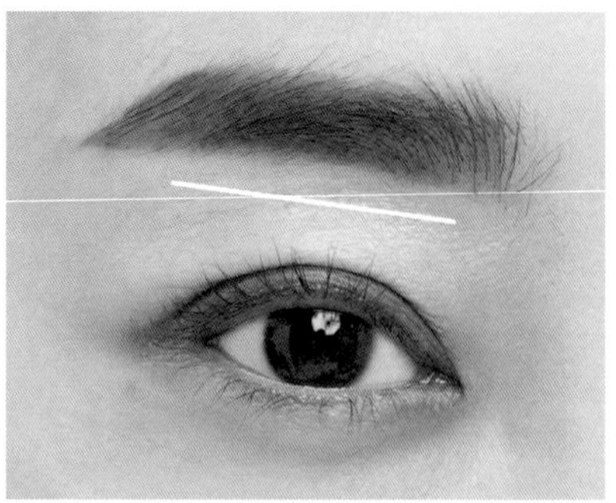

大人の顔にちょうどいいメリハリをプラス

眉は全体をくっきり描くと老け見えしてしまいますが、眉の下のラインだけはくっきりと描きましょう。なぜなら、その部分がガタガタになっていると、パーツの輪郭が曖昧になりがちな大人の顔をよりいっそうぼやけさせてしまうから。

コンシーラーで消すのも手!

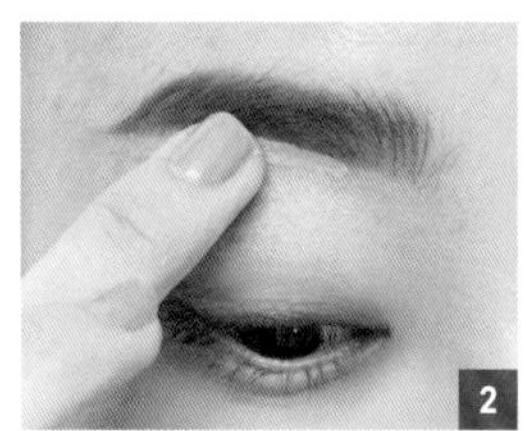

指で優しく叩き込んで
他の部分となじませる

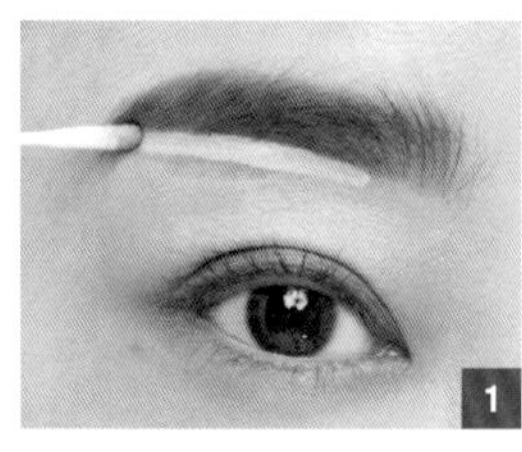

綿棒に取り
はみ出た部分を消す

なかなかラインが上手に描けない。そんなときには一旦描いた後、コンシーラーではみ出た部分を補整するのがオススメ。いかにも〝消しました！〟とならないように、肌色に近い色でほどよく軟らかなタイプを選びましょう。

POINT 5

眉尻は 短い線を重ねて徐々に細く

自然にシュッと細くなる終点を目指して

一気に描くのではなく、一本一本毛を足すようにしてフォルムを整えましょう。特に眉山から眉尻へ向かってだんだんとラインを短く描くと、眉尻に近づくにつれ自然に細くなります。終点はシャープに仕上げると、どの角度から見ても美しい眉に。

OK!

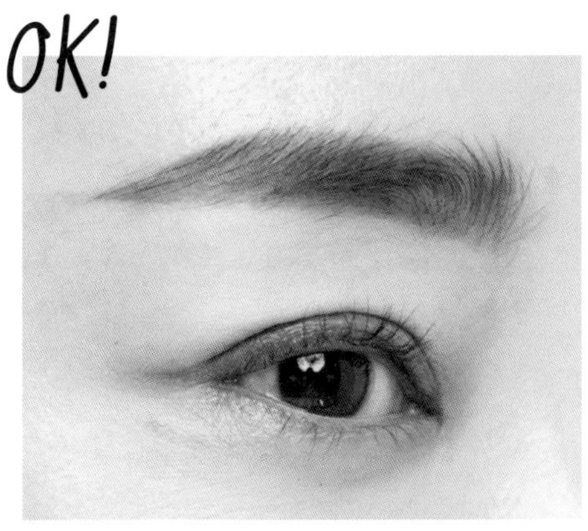

"描いてる"感のない 理想的なフォルム

眉尻付近に毛がない人でも、短い線を重ねるテクニックを取り入れることで、まるで毛が生えてきたような自然な仕上がりに。顔全体の印象もすっきり、引き締まって見える。

NG!

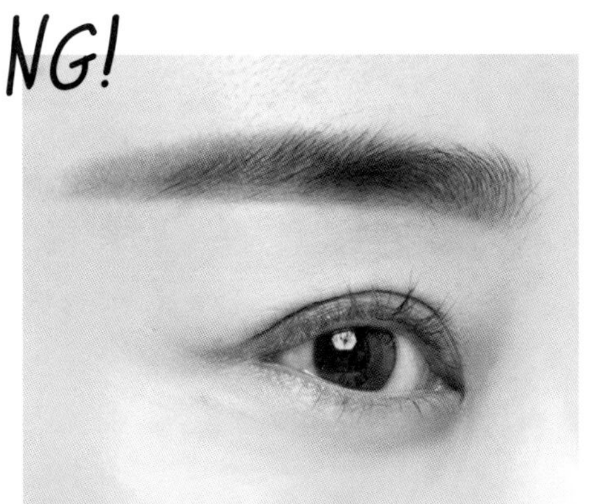

ボテッと太い眉尻は 不自然な印象に

眉尻がボテッと太いままだと、自然な毛流れを強調できないし、眉全体が間延びして見える。さらにいかにも"描いてます"という印象になり、顔全体のバランスも悪くなりがち。

POINT 6

毛流れを強調する

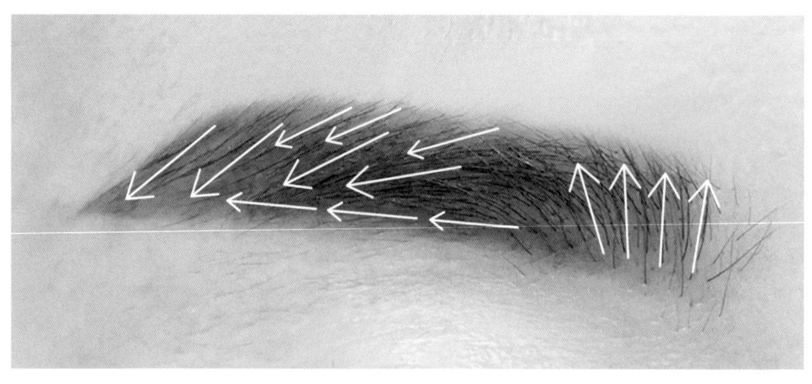

立体感が出せるし足りない部分も補える

眉になくてはならないのが毛流れ。まず描く前にスクリューブラシでしっかりとかし、仕上げにアイブロウマスカラで強調しましょう。毛が生えてない部分がある場合は、ブラシで毛を動かすことで隙間を補えます。全体の中で中央部分が最も毛が密集して濃く、フレームは淡くが正解。

アイブロウマスカラで薄眉をカバー

薄眉、または毛が柔らかくて立ち上がらない人は、アイブロウマスカラが強い味方に。特に眉頭は、毛を立ち上がらせるように上向きにとかしてしっかりキープ。

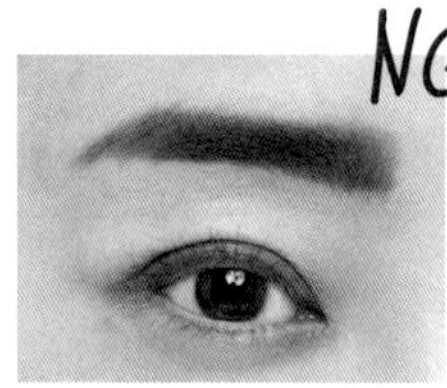

これはのっぺりすぎ!

毛のクセが強い人は温めたコームで"矯正"

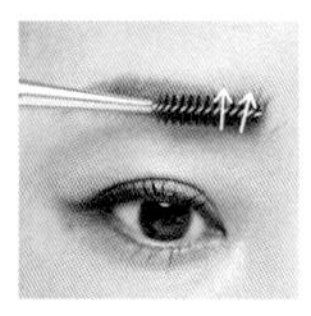

スクリューブラシをドライヤーで数秒間温める。それを眉の毛を立てたい角度に当てて10秒キープ。

POINT 7

眉間と眉頭下の毛は絶対処理！

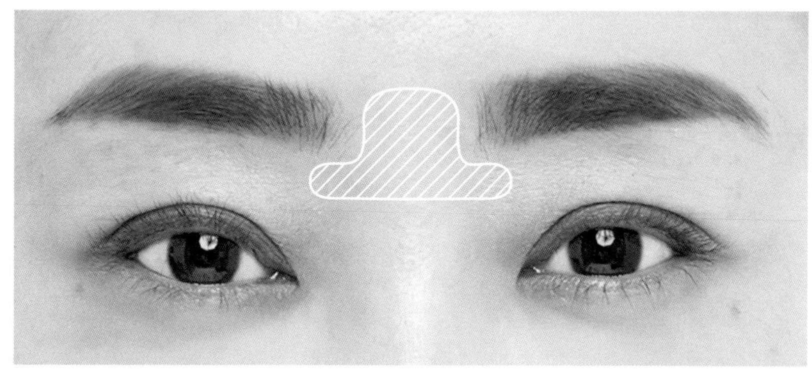

斜線部分に毛があると顔がくすむ

毛を抜いたり、剃ったり、切ったりすると毛流れが損なわれるし、形も不自然になるので推奨しませんが、眉間と眉頭の下だけは別。この部分に余分な毛があると、顔色全体がくすんで見えてしまうのです。意識して、きちんと処理しましょう。

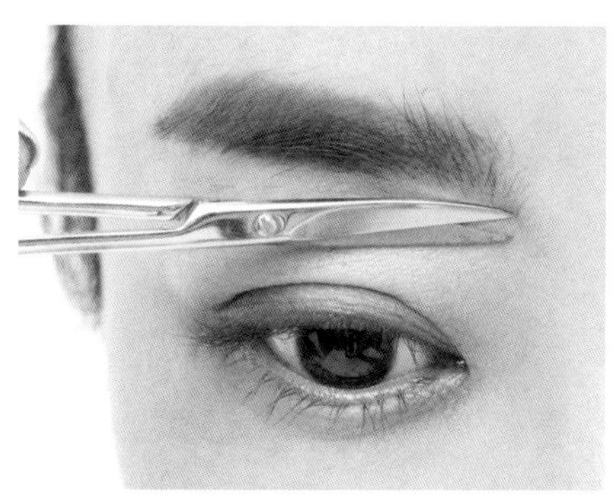

丁寧にカット

処理はカミソリよりハサミがオススメ！

カミソリは小回りが利かず鋭角的なラインになりやすいので、処理はハサミで。毛を一本一本、根元から丁寧にカット。毛抜きも肌を傷めやすいので避けて。

神崎的 眉ツールの名品

その人の佇まいに大きな影響を与える眉。狙い通りの眉を描くためには、優れたツールの力が必要。日々、愛用している名品たちを紹介します。

A 混ぜることでリアルな眉色が作れる優秀パレット。ノーズシャドウにも◎。ルナソル スタイリングアイゾーンコンパクト 01 ¥4620／カネボウ化粧品　**B** フサフサで柔らかな眉に仕上がる。ボリューム アイブロウ マスカラ 02 ¥3300／SUQQU　**C** まるで地毛のように描き足せる超極細ペンシル。芯の硬さもちょうどいい。スージー スリムエキスパートSP 02 ¥1320／KISSME P.N.Y（伊勢半）

D イベントで製作したアイブロウブラシ。細さ、毛の柔らかさ、持ち手のサイズ感にこだわりました。これをベースに現在製品化を進行中！　アイブロウブラシ（私物・非売品）　**E** 丸みを帯びたフォルムで、柔らかな印象の眉を描くのに最適。毛量も絶妙で描きやすい。アイブロウブラシ 02 ￥3850／アディクション ビューティ　**F** 繊細にぼかしたり、毛流れを整えるのに最適。ブラッシュ 11 ￥1320／エレガンス コスメティックス　**G** 速乾性に優れ、オフするときはお湯でOK 。眉に自然な立体感を与えるクリアタイプ。&be アイブロウマスカラ クリア ￥1430／Clue

サイズ感からブラシの形状までこだわりがIN

MEGUMI KANZAKI × SEIBU・SOGO

D

柔らかな雰囲気の眉を描きたいときに役立つブラシ

ADDICTION TOKYO

02

E

毛がしっかり絡むから整えやすいスクリューブラシ

Elégance Paris

BRUSH 11 (SCREW)

F

立体感を出したいときの透明マスカラ

&be

Eyebrow Mascara

Produced by Yusuke Kawakita

G

失敗しない！

眉メイク完全プロセス

1 パウダーで余分な油分をおさえる

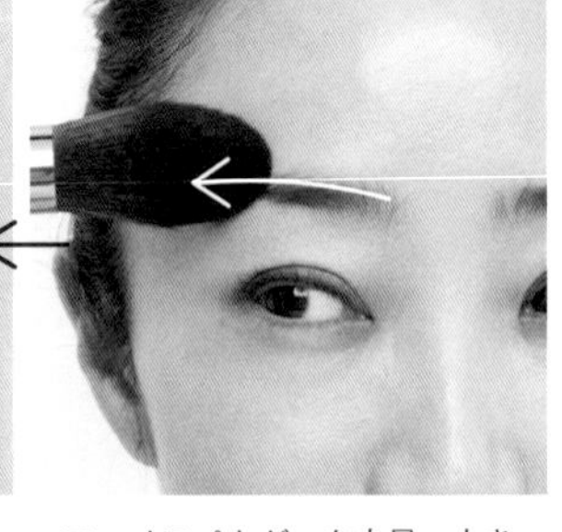

フェイスパウダーを少量、大きめのブラシにとり眉全体をひとなで。スキンケアやファンデなどの油分をおさえて描きやすく。

2 スクリューブラシで逆毛を立てる

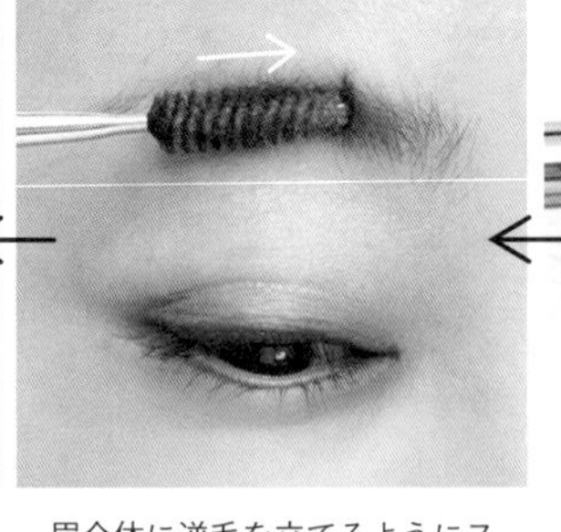

眉全体に逆毛を立てるようにスクリューブラシを眉尻→眉頭方向に動かす。眉のクセをほぐし、余分なパウダーをオフする。

3 スクリューブラシで毛流れを整える

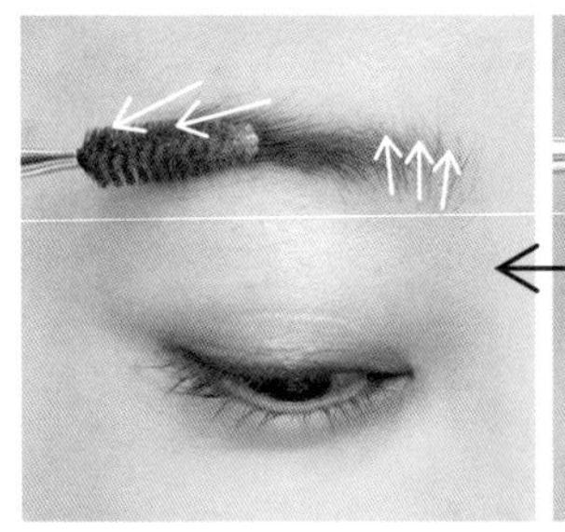

眉頭は上向き、その他は毛の生え方に沿ってスクリューブラシを動かして毛流れを整える。このひと手間でグッと描きやすく。

6 植毛する感覚で眉の中を色づけ

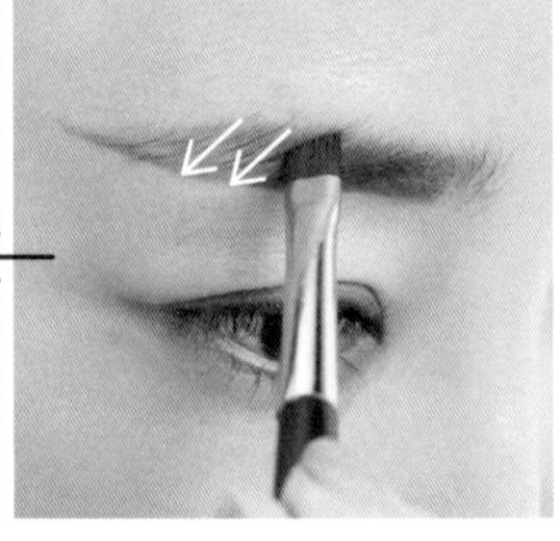

眉の中で薄い部分がある場合は、その部分に周囲の毛の生え方と同方向にブラシを動かして毛を一本一本描き込んでいく。

7 眉山〜眉尻は短い線を重ねながら仕上げる

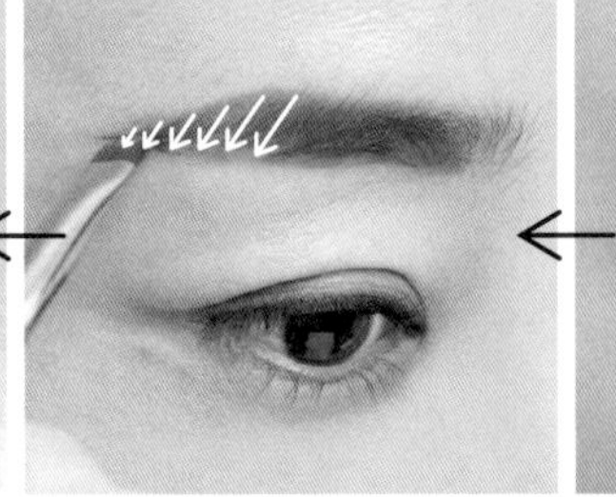

眉の終点はシャープに細く！眉山から眉尻まで、毛流れに沿って短い線を重ねながら、だんだんと細くなるように。

8 眉頭は上向きにブラシを動かしながら

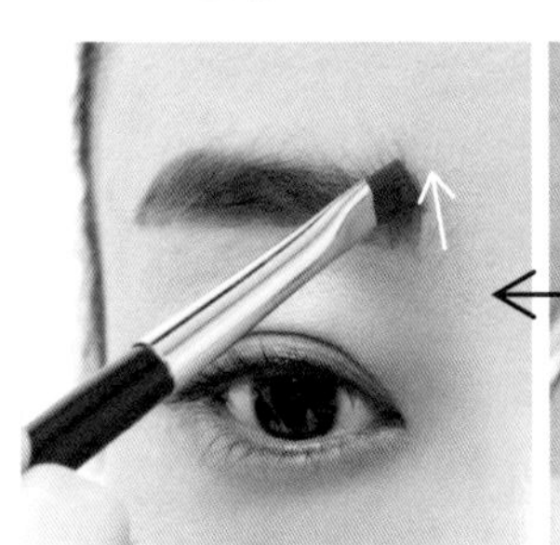

眉頭を濃くすると途端に不自然になるので、ごく淡く。ブラシを上向きに動かしながら、足りない部分だけを描き込んでいく。

4 手の甲でパウダーの量を調節する

トン
トン

アイブロウパウダーを自分の眉色になるように調整したら、手の甲でチョンチョン。つけすぎを防いで、ふわっと色がつく。

5 まずは眉の下のラインを決める

目頭の延長線から眉尻に向かって、やや上がりぎみのまっすぐな線を引く。ここがガタガタだと顔がぼやけるので注意しよう。

Point! 描きにくいときはひじをテーブルにつけて

ブラシがグラグラするときはひじをテーブルにつけて固定してみて。腕が安定するので、狙い通りの線が描き込みやすくなる。

9 極細のペンシルで足りない部分を埋める

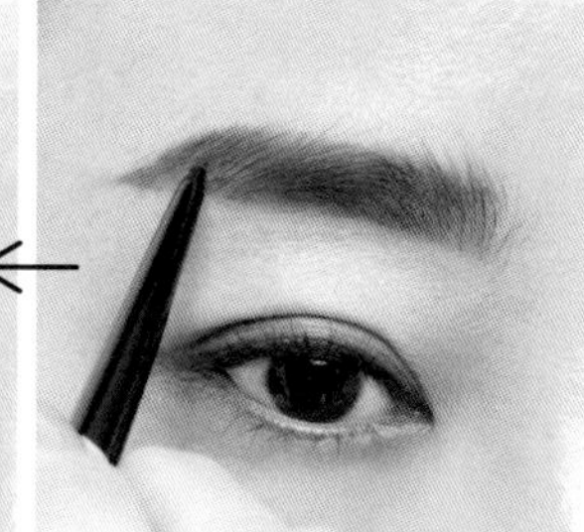

アイブロウパウダーで補いきれなかった毛のない部分に、極細のペンシルで毛を描き足す。一本一本、繊細に描き足すこと！

10 スクリューブラシで濃さの調節をする

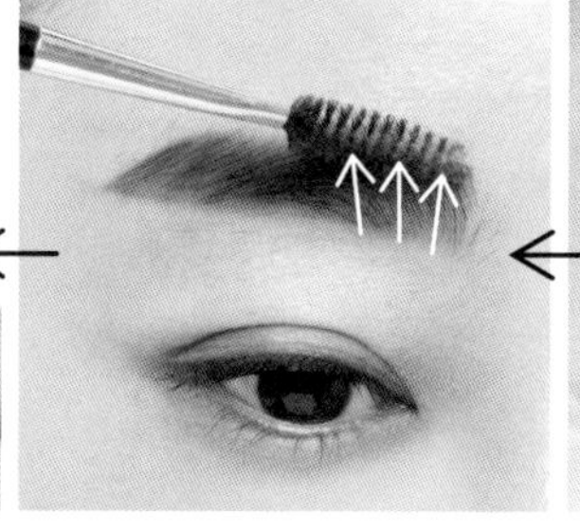

スクリューブラシを眉頭は上向き、他は毛流れに沿ってなでるように動かし、アイブロウパウダーをなじませて濃さを調節。

11 ブラシをしごいて液量を調節する

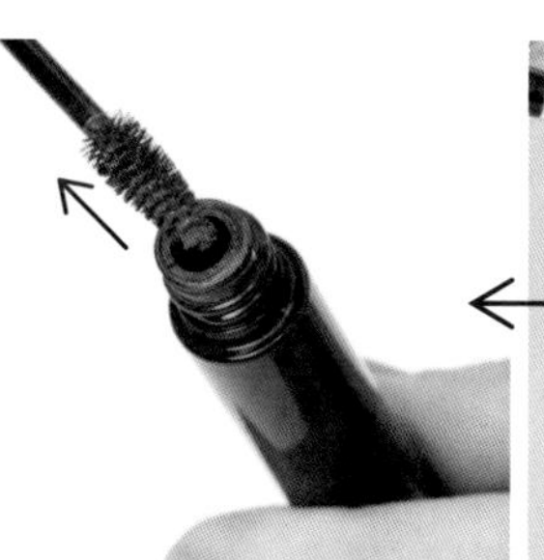

アイブロウマスカラをつけすぎると、のっぺりとした眉になってしまう。ボトルの口でしっかりブラシをしごいて液量を調節。

12

ブラシで毛を逆立てながら色づけする

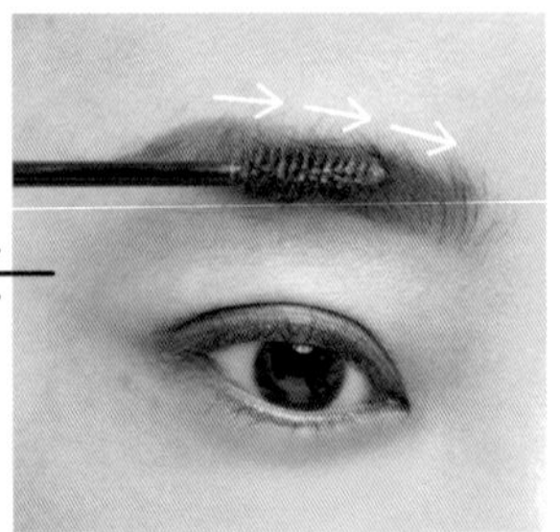

毛の表側だけでなく、裏側にも色づけることが大事。まずはブラシを眉尻から眉頭の手前へと動かし、毛の裏側に色づける。

13

毛流れ通りにブラシを動かし毛の表側にも

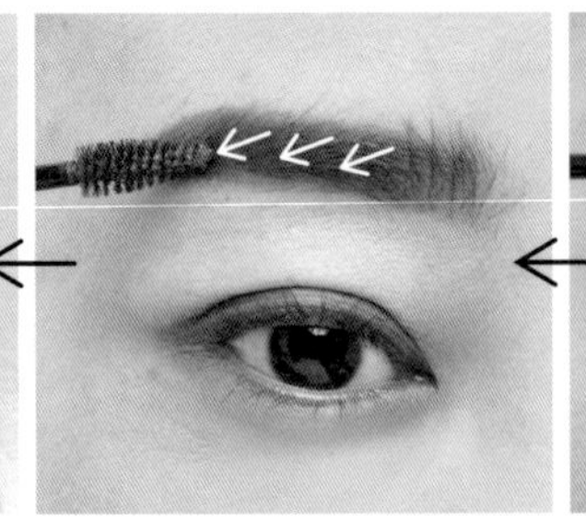

今度は眉頭の手前から眉尻まで毛流れに沿ってブラシを動かす。毛の表側にもマスカラ液がつき、フサフサッとした印象になる。

14

フサフサ眉の要。眉頭は上方向に

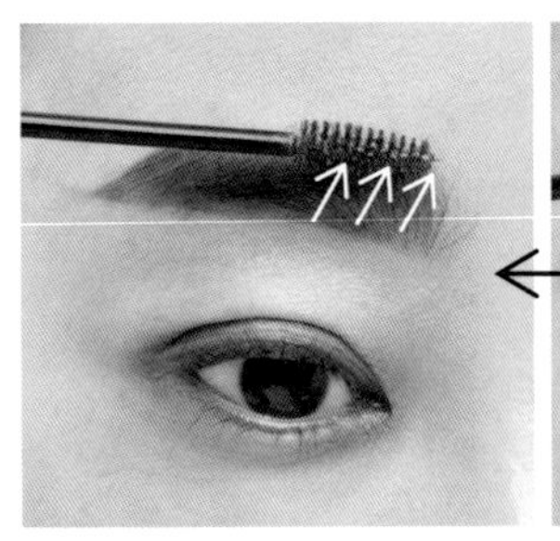

仕上げに眉頭の毛をブラシで上向きにとかす。マスカラ液が地肌についてしまうとべたっと重くなり、毛流れが損なわれる。

| FINISH! |

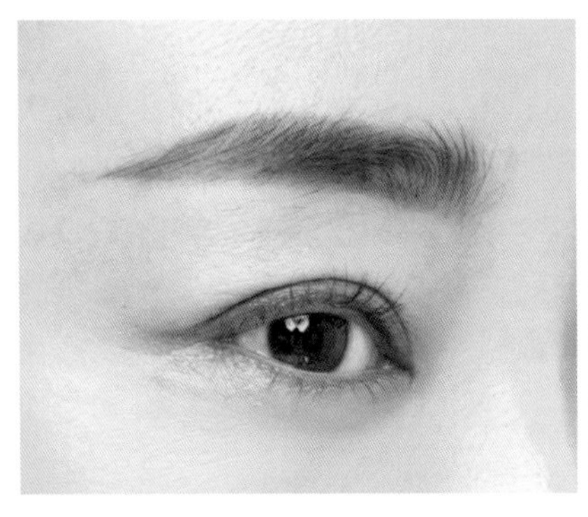

斜め

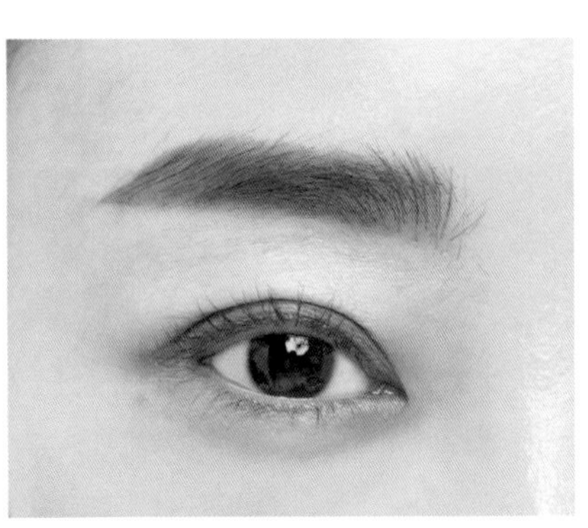

正面

美しく自然な毛流れと
適度な太さの眉で
パーツが際立ち、
顔立ちが鮮明に!

LIP

2 リップメイク

目を引く部分だからこそ老け見えが起こりやすい!

Lip

〝おばあちゃんの絵〟の唇は、薄くてシワシワ。
それほど、口元は年齢が出やすいパーツなのです。
シワシワの原因はハリが失われること。
しぼんでボリュームが失われることで、薄くもなります。
唇の面積が狭くなるぶん、人中(じんちゅう)(鼻と唇の間)が長くなり、顔が長く大きく見えてしまいます。それだけでなく、輪郭が曖昧になったり、色がどんより悪くなるなど加齢による影響はたくさん。
大人の唇のお手入れは、保湿だけでは足りません。
美容成分入りのアイテムを投入する必要があります。
人にもよりますが、唇は肌の約4倍の速さで代謝していると言われています。
さらに、皮脂腺がほぼなく角質層が極めて薄く、とってもデリケート。
ですから攻めより労るケアを!　メイクに関しては、
色をのせるだけでなく、輪郭補整にも注力しましょう。
ふっくらとボリューミィな唇は〝老け見え〟を遠ざけるチカラがあるのです。

唇は加齢でこうなる

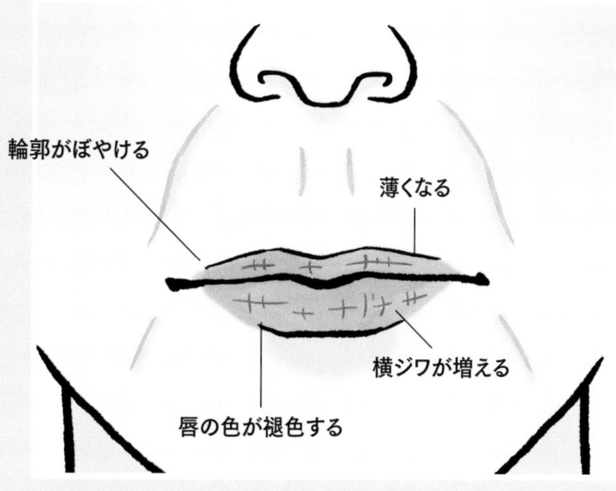

POINT 1

ふっくらさせたい日は 唇マッサージ

血色がアップして全体的にふっくら!

肌と同じように、唇のマッサージは老け見え回避に有効です。全体的に血行が良くなってくすみがはらえるし、ボリュームアップ効果も。リップクリームなどですべりを良くしてから行って。

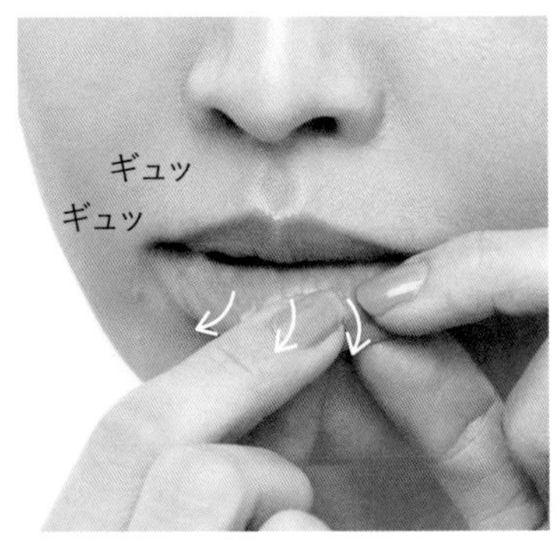

下唇も同様に指でめくって刺激する

上唇を指で軽くめくって刺激する

唇美容液でうるおいを仕込もう

皮脂腺がほぼなく乾燥しやすい唇のケアに保湿は欠かせません。大人はそれに加えて栄養補給できるような美容成分入りのアイテムを選びましょう。また、唇をうるおわせることで唇のシワが埋まり、リップメイクが映えるぷるんとなめらかな状態に！

オススメアイテム

荒れ、くすみ、乾燥などに立ち向かう成分配合の唇専用の美容液。なめらかで使いやすく、リップメイクの下地としても最適。タカミリップ 7g ￥2420／タカミ

POINT 2

悪目立ちするマダム色を避ける

ツヤ×濃い色が顔を老けさせる

「マダム色」の特徴は、過度なツヤ感と濃いトーン。もちろん、ツヤ発色の濃い色すべてがマダム色なワケではありません。ツヤと色の濃さがマックスになることで、〝古い〟印象になってしまうのです。口紅やグロスを選ぶ際には、そこに注意しましょう。

＼ つけるとこんな感じ! ／

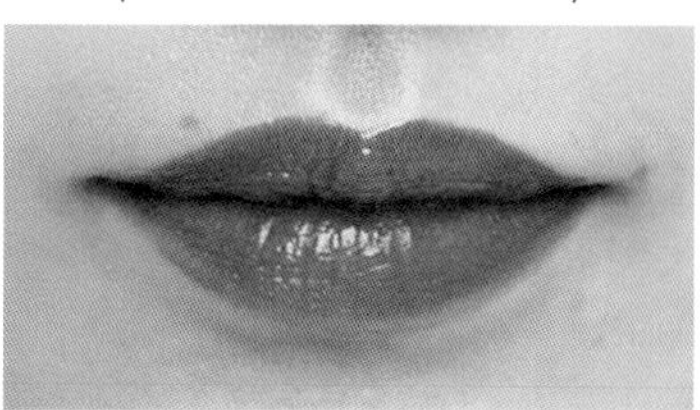

《 マダム色 》

POINT 3

リップは中央からのせる

のせ方次第で唇をもっと魅力的に

リップを塗るときは、唇の中央から。中央に色をのせてリップの濃さを決めてから、それを目安に残りの部分を塗ると狙い通りの色になります。また、中央は濃いめに、左右を薄めにすると、唇の立体感が出せるのでオススメです。

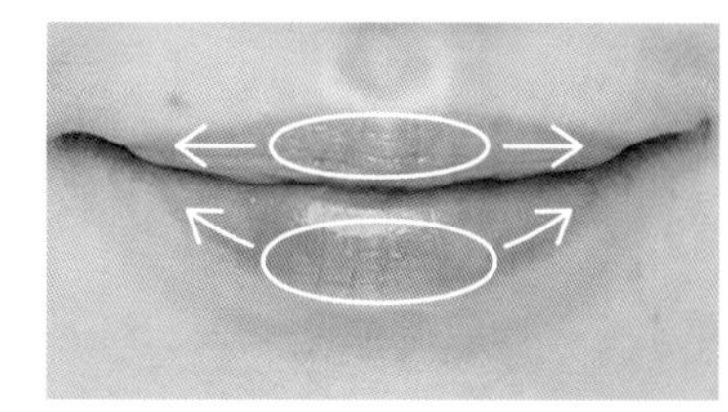

POINT 4

淡い色のときはオーバーめに描く

わざとらしくないボリュームUPが叶う

淡い色はそのまま塗ると地味な印象になるので、輪郭補整をしてふっくらとした唇に見せるのがポイント。全体的に丸いフォルムに仕上げると華やかな印象になります。

＼コンシーラー用ブラシを使用／

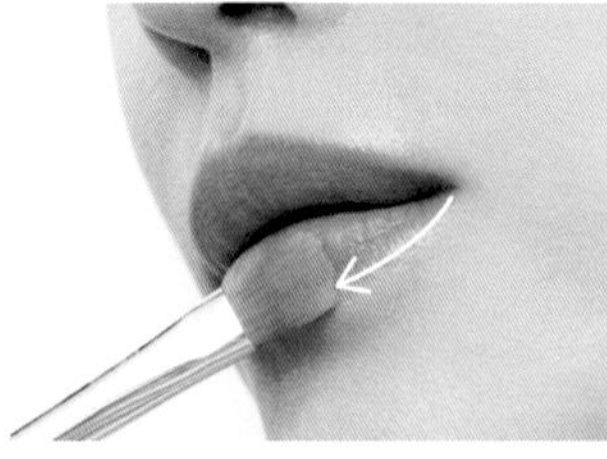

下唇は輪郭通りに塗ってOK!

下唇はボリュームがちゃんとある場合が多いので、よほど薄くない限り、輪郭通りでOK。上唇と同様に、左右の口角から中央に向かって自然な丸さが出るように塗る。

上唇の山部分に丸さが出るように

口角から上唇の山部分に向かって本来の輪郭より１㎜大きめになるようにブラシで塗る。唇の山は鋭角的にせず、丸みのあるフォルムに仕上げるとふっくら感が出る。

オススメブラシ

ワンストロークでふっくら描ける。輪郭をオーバーめに描きたいときにも最適。コンシーラーブラシ ￥3080／アナスタシア ミアレ

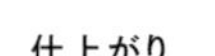

｜ 仕上がり ｜

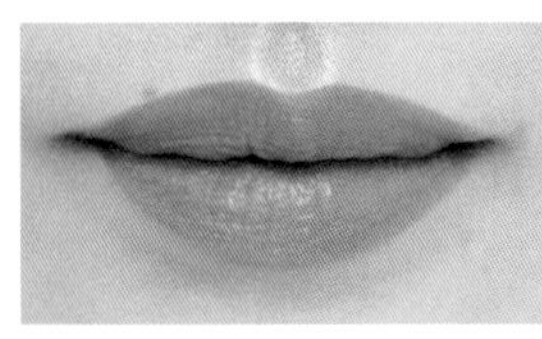

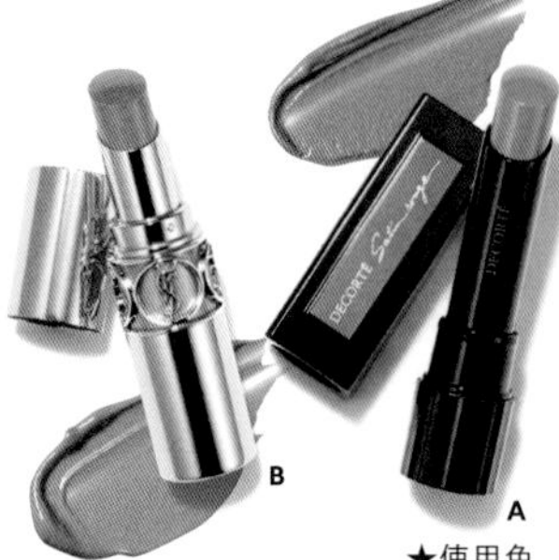

B

A

★使用色

オススメ淡色リップ

A ほどよく血色を感じさせる肌なじみのいいコーラルベージュ。ルージュ デコルテ 29 ￥3850／コスメデコルテ　**B** ピンクベージュで優しげな印象に。メルティな塗り心地と上品なツヤも魅力。ルージュ ヴォリュプテ シャイン 15 ￥4510／イヴ・サンローラン・ボーテ

POINT 5

濃い色は直線的に

アラが目立ちやすいのできちんと!

濃い色をいい加減に塗ると雑な印象になり、清潔感も損なわれやすくなるので、塗る際は丁寧に塗りましょう。コントラストが強すぎる場合には輪郭を綿棒で軽くなぞってなじませて。

ブラシをまっすぐ動かしシャープなラインを描く

口角から上唇の山部分に向かってまっすぐのラインを描くようにブラシ塗り。唇の山も鋭角的に整えて。全体に塗ったらティッシュオフ。濃い色は唇が薄く見えやすいので、唇が薄い人は輪郭を少しオーバーめに描くこと。

| 仕上がり |

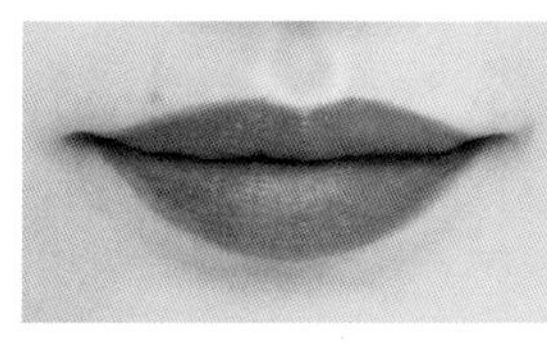

B

A
★使用色

オススメ濃色リップ

A 絶妙な透け感のあるマット。茶系のニュアンスを持つ赤リップは洒落感も出せる。シアー マット リップスティック 10 ￥5500(セット価格)／SUQQU
B ふわふわのマット質感で赤リップが身近に。ルージュ・ジバンシイ・シアー・ベルベット N37 ￥5060／パルファム ジバンシイ

濃い色もポンポン塗りすればカジュアルに!

| 仕上がり |

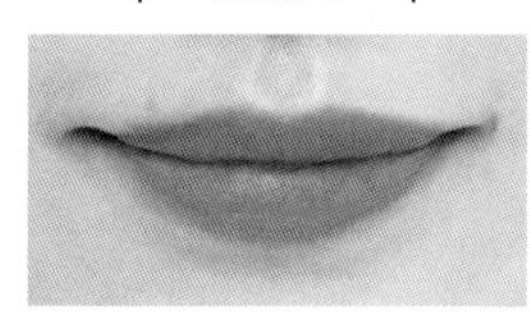

カジュアルに濃い色をつけこなしたい場合は指先に口紅をつけたらまずは中央内側にポンポン。その後全体に広げてみて。輪郭が淡くなって肌なじみも上々。

EYE

3 アイメイク

盛りすぎない勇気を持てば
アイメイクは洗練される

Eye

くすんだり、眼球に沿ってまぶたが落ちくぼんで影ができたり、
小ジワが出現したり、眉毛やまつげが痩せてしまったり……。
目まわりはとかく、エイジングサインが現れやすいパーツです。
アイメイクで注力すべきは、透明感を上げ、輪郭をさりげなく補整し、
瞳を印象的に見せること。年齢を重ねると目が小さく見えがちなので、
ついついアイラインやマスカラで盛りたくなりますが、
大人は〝大きさ〟よりも〝印象〟を大切にしてほしい。
目を必要以上に大きく見せようと
アイメイクを頑張りすぎると不自然だし、
メイクそのものが古い印象になってしまうから。
目元だけで、顔の印象が決まるわけではありません。全体のバランスを
〝引き〟で見る分別と冷静さが、大人のアイメイクには求められます。
さらに色やラインを適度にぼかす、なじませるといった
テクニックを習得すれば、老け見えを回避できるだけでなく、
アイメイクを洗練させることもできるのです。

| 目元は加齢でこうなる |

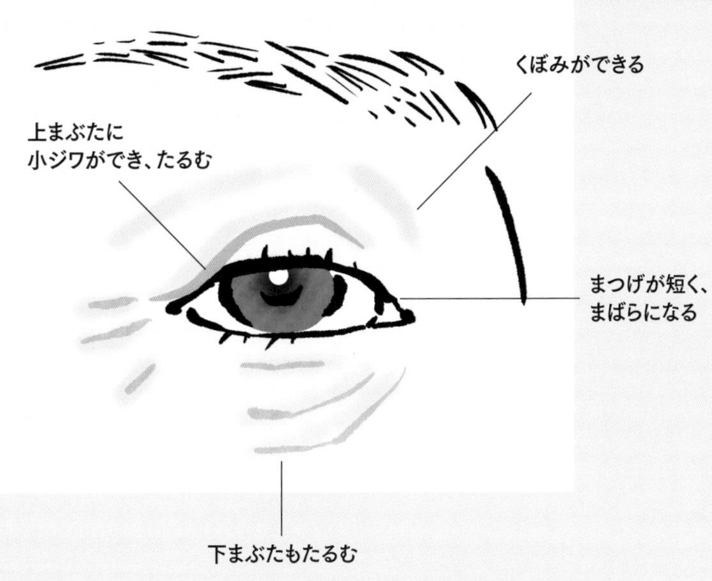

POINT 1

ベージュのクリームシャドウを仕込む

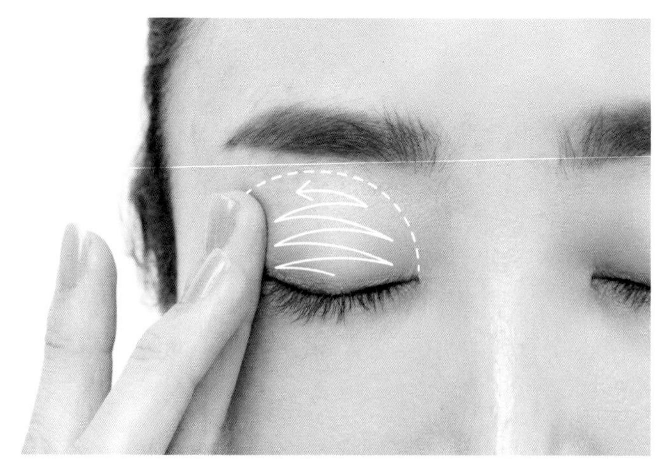

くすみをはらい、くぼみや小ジワを目立たなくする

年齢を重ねるとまぶたもくすみます。それをはらうには、明るめのベージュシャドウをベースとして最初にアイホールにぼかすのが有効です。まぶたのくぼみや小さなシワも目立ちにくくなります。中央に指でのせたら、左右にササッと均一にぼかしましょう。クリームタイプなら、密着感もアップ。上から重ねるシャドウの発色もよくなります。

オススメアイテム

しっとりとした質感でなめらかにのびてまぶたに明るさを宿す。キャビアスティック アイカラー 07 ¥3300／ローラ メルシエ ジャパン

繊細なパールが肌から浮くことなく、キレイなツヤをメイク。肌なじみも抜群。アイグロウ ジェム BE303 ¥2970／コスメデコルテ

POINT 2

濃い色を二重幅に広げて締めない

"さりげなく"が成功の秘訣!

目のキワを太く濃いラインで締めると、輪郭が強調されて目が小さくなります。二重の幅を塗りつぶすことでさらに目元も重く暗い印象に。フレームを無理なく広げるためには、くっきりと縁取るより繊細で細いラインを入れましょう。また、下まぶたにパールの強いシャドウを入れるとシワが目立つことも。

締めると**派手チビ目**

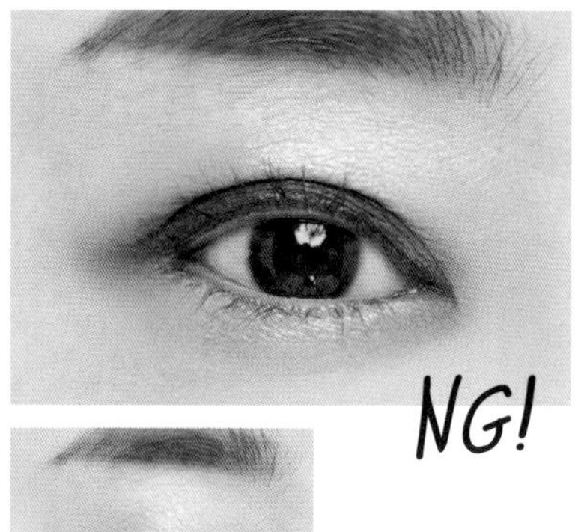

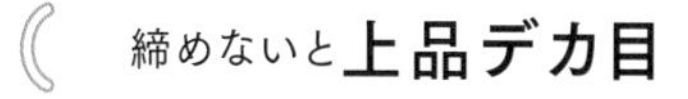

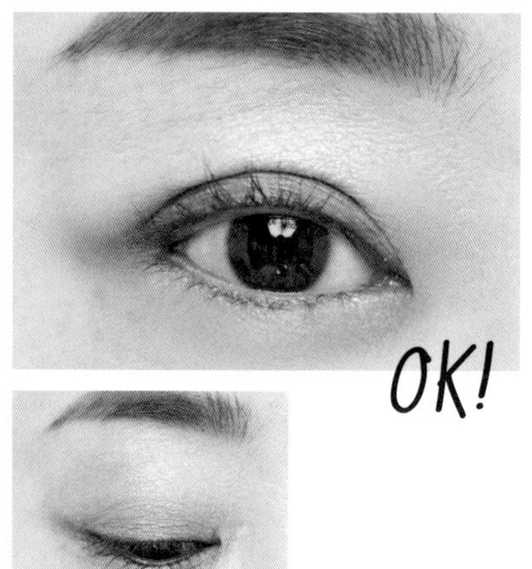

| HOW TO |

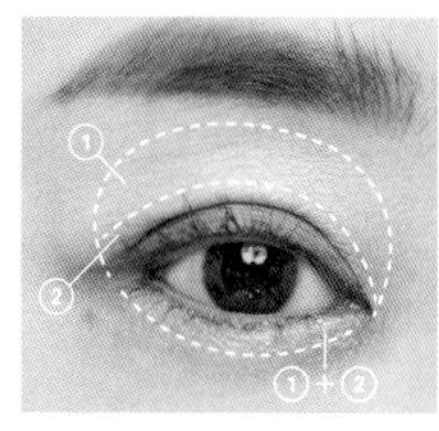

パレットの①をアイホール全体に淡くぼかしたら、②を二重幅に重ねて陰影を深める。下まぶたのキワは、①と②を混ぜてさらに柔らかい色で引き締めて。

使ったのはコレ

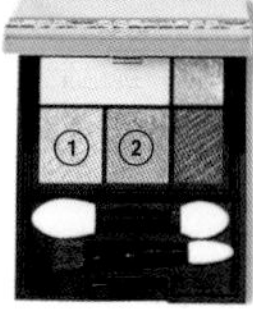

1つあると多彩に使える王道ベージュパレット。ドラマティックスタイリングアイズ OR303 ¥3080（編集部調べ）／マキアージュ

POINT 3

ブラシ・指・チップを使い分ける

マスターすればメイクの幅と精度が激変

同じアイシャドウでも、何を使ってまぶたにのせるかで、色の出方や質感はかなり変わります。ふんわりならブラシ、密着させるなら指、しっかりのせるならチップ。この塩梅を覚えておけば、アイメイクの幅が広がり、狙い通りの仕上がりを実現することができます。

《 ブラシ 》

透明感と柔らかな色づきを実現できる

ふんわりと、淡く色づけたいならブラシがベター。たっぷりとした毛量があり、柔らかなブラシを使うと、より優しい発色になる。

《 指 》

ピタッと密着させたいときには指が便利

密着力を高めたいときには指で。濃さが自在に操れるだけでなく、のせたいところに色がジャストにのせられるというメリットも。

ピタッと

《 チップ 》

柔らかさと密着力が両立した仕上がりに

適度な柔らかさが出せるし、しかもしっかり色がつくのがチップの特徴。目のキワにライン的に色を入れるときにはチップが便利。

POINT 4

アイシャドウパレットは 基本のブラウンが正解

旬も盛り込んだブラウンパレットを常備して

パレットをまず１つ用意するなら、ベージュ＆ブラウンが入ったベーシックなものがオススメ。メイクの組み立て方次第で、カジュアルにもきちんとにも使えて万能だから。中でも、少し赤みを含んだ色み、そしてほどよく透ける発色を選ぶと、肌がキレイに見えます。

オススメパレット

A まろやかな色みと重ねても濁らないパール感で肌映えも叶う。シグニチャー カラー アイズ 03 ￥7700／SUQQU　**B** まろやかなトーンのパレットは知的で上品な眼差しを作れる。サンク クルール クチュール 649 ￥8360／パルファン・クリスチャン・ディオール

＼ 選ぶポイント ／

- 粉体が柔らかく、繊細に色づく
- 適度な透け感があり、べったりつかない
- サッとのせても肌になじんで、浮かない
- ギラつかない、テカらない

POINT 1

まぶたを
引っ張って描かない！

OK!

NG!

目は開けたまま、アゴを少し上げながら

まぶたを引っ張りながら描くと、指を離したときにまぶたに隠れてしまうことがあります。また、目尻の終点とずれてしまう場合も。アイラインを描く際には、目は開けたまま（目を少し細めてもOK）、アゴを少し上げた状態で。

POINT 2

黒リキッド＋茶ペンシルの2本使い

なぜ黒と茶の2本使いが必要？

大人の目元はまぶたがたるみ、ラインがキレイに引きにくいし、くっきりとしたリキッドの黒ラインが浮いてしまいがち。黒の上にブラウンをなじませることでラインのガタつきが隠せるうえに肌から浮かず、なじみます。ベースに黒のラインを引いているので、目元がぼやけません。

ガタガタしても OK

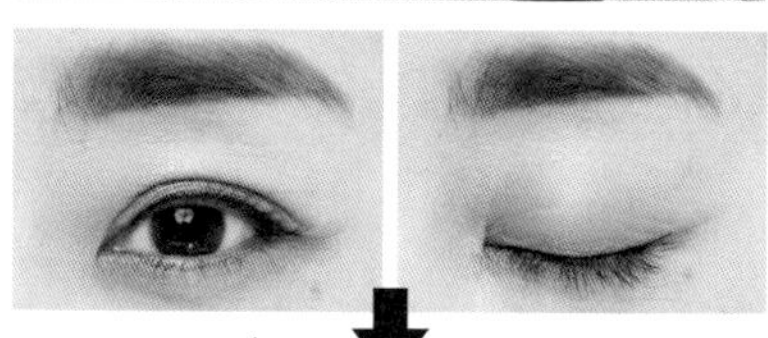

ブラウンを重ねると自然！

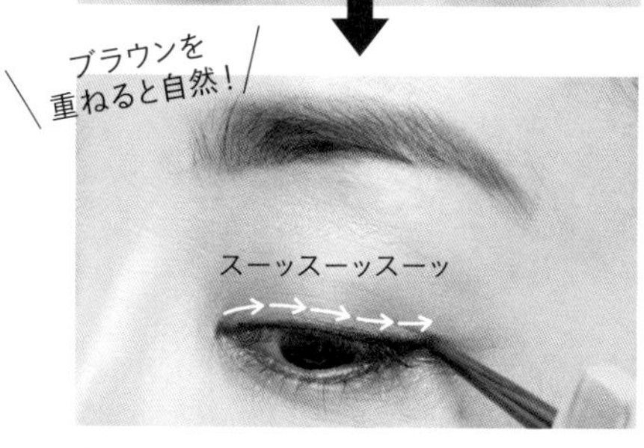

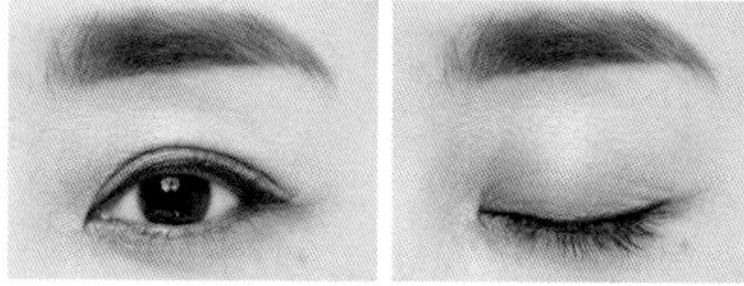

| STEP1 |

黒のリキッドは点で描く

大人のまぶたはラインがガタつきやすい。ラインは一気に描かず、まず目尻を先にその後、目頭から短い点をチョンチョンと繋げて。

使ったのはコレ

繊細ラインが楽々と。シルキーリキッドアイライナー WP 漆黒ブラック ￥1430／ディー・アップ

| STEP2 |

茶色のペンシルを重ねてナチュラルに！

STEP1で描いたリキッドライナーのラインを茶色のペンシルでなぞる。ラインがなめらかになるし、茶を使うことで柔らかな印象に。

使ったのはコレ

1.5㎜の極細芯で描きやすく、涙やこすれにも強い。キャンメイク クリーミータッチライナー 02 ￥715／井田ラボラトリーズ

POINT 3

ラインがガタついたら ブラウンシャドウを重ねる

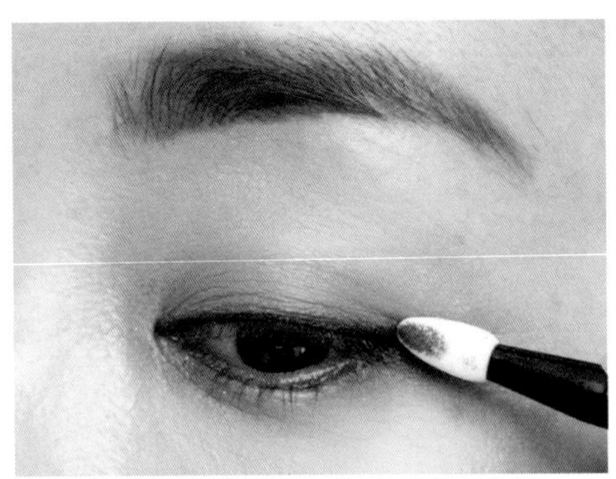

ラインの上をなぞって キレイに整える

まぶたの小ジワのせいでラインがガタついたら、濃いめのブラウンシャドウを細いチップやブラシにとって、ライン上を軽くなぞって。シャドウを柔らかく発色させることで、ラインそのものを美しく修整できます。

POINT 4

目尻のラインはシワに沿って 少しだけ延長

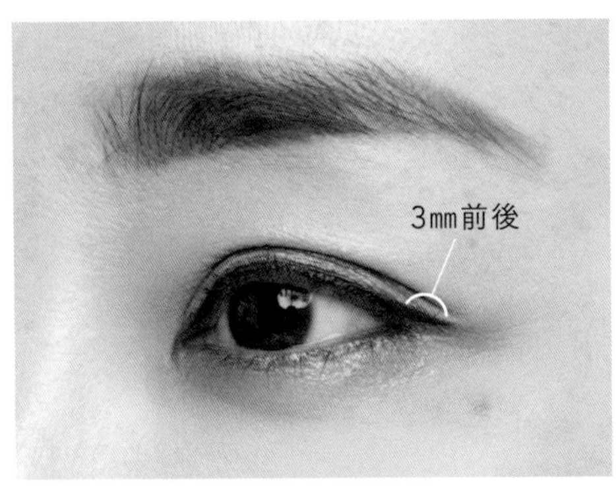

目の端から3㎜前後。 シワをなぞるように

うっすらと目を開けたまま目尻の小ジワに沿ってラインを延長するイメージで。無理やりハネ上げたり、長く描いたりしようとしなくてOK。延長する長さは3㎜前後がナチュラルな印象に仕上げられる目安です。

POINT 5

下に入れるなら線でなく点で

わざとらしくならず、自然に目ヂカラアップできる

下まぶたにラインを引く場合、まつげの生え際の隙間を点で埋めるようにするとさりげなく目のフレームが強調できる。しかもまつげが濃くなったような錯覚効果まで！　極細のリキッドタイプのアイライナーを使うと簡単です。

インラインを入れるなら下から刺すように描く

狙うのは上まつげの根元、粘膜が見えている部分

さりげない目ヂカラを叶えるインライン。入れる際は、上まつげの根元が見える位置に鏡を置き、下から根元にペンシルの先を下から刺すように描いていきます。目頭を外した場所からスタートし、筆先を小さく揺らしながら目尻まで。

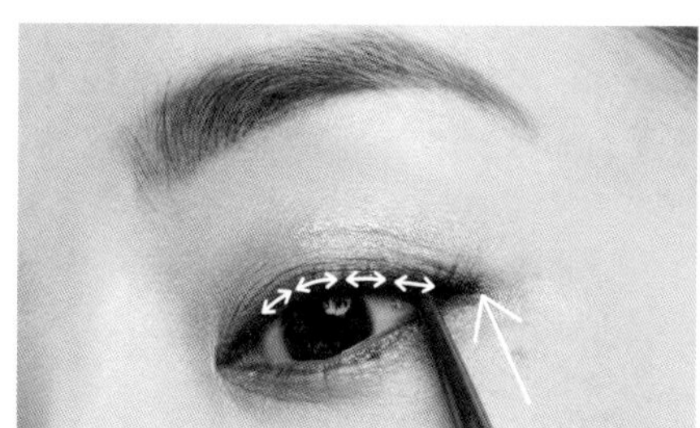

| 入れる場所 |

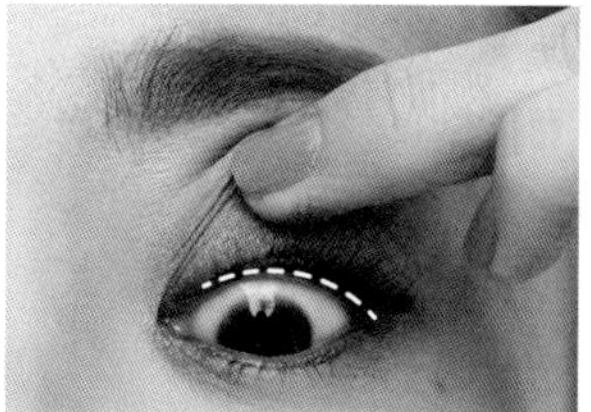

POINT 1

ブラシがコンパクトなマスカラを選ぶ

産毛級に細くて短い毛も逃さずキャッチ!

年々、まつげが短くまばらになってきたと悩む人も多いはず。そんな人は、コンパクトなブラシのマスカラをセレクト。ブラシが大きいとうまく色がのせられません。特に目頭や目尻の細い毛やまつげの根元に塗りにくく、まぶたにマスカラ液がつくことも。マスカラを選ぶ際はブラシのサイズ感をチェック！

オススメアイテム

細かい部分も楽々。つややかで濃いブラックが大人仕様。アイラッシュ マスカラ 01 ￥4730／SUQQU

重ねてもダマになりにくい。パーフェクトエクステンション マスカラ ブラック ￥1650／ディー・アップ

POINT 2

扇形に広がるようにアイラッシュカーラーは 眼球の形に沿って

目頭、中央、目尻と3つのパートに分けるのがコツ

一気にまつげを上げるより、目頭、中央、目尻と３つのパートに分けてアイラッシュカーラーを使いましょう。根元から毛先に向かって少しずつずらしながら４回挟むと、キレイなカールになるし、理想的なセパレートに仕上がります。

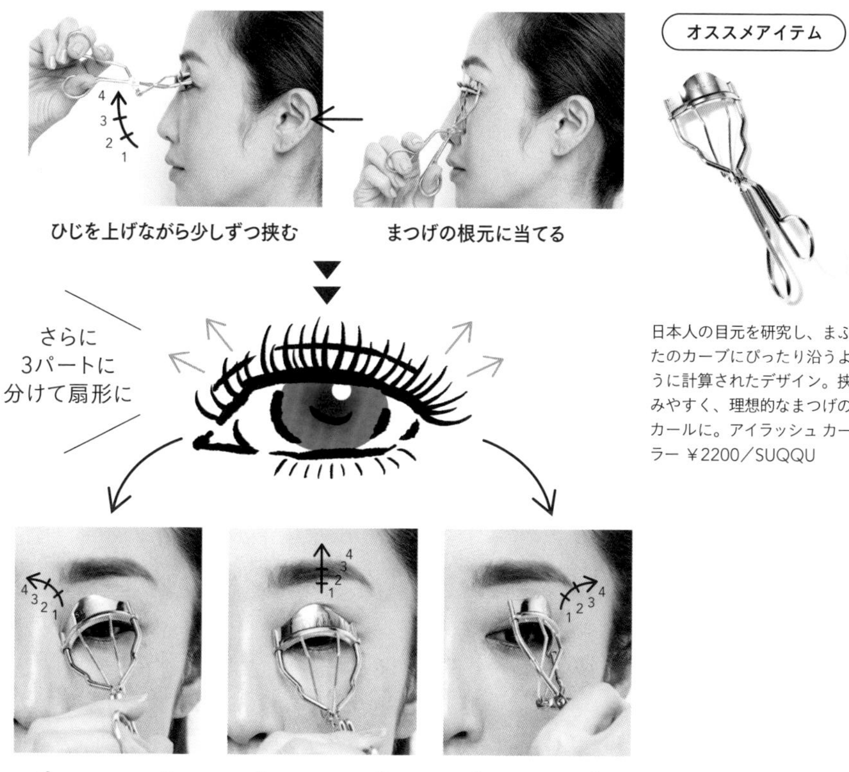

日本人の目元を研究し、まぶたのカーブにぴったり沿うように計算されたデザイン。挟みやすく、理想的なまつげのカールに。アイラッシュ カーラー ￥2200／SUQQU

POINT 3

まつげの表裏両方に液をつけて

表裏に塗って、細くなったまつげに存在感を

マスカラは必ずまつげの下側、上側両方に塗り、まつげ全体、360度にマスカラ液がつくようにしましょう。まつげの下側だけにしか塗らないと、十分なカールキープ力が発揮できず、まつげが下がってしまいます。また、アイラッシュカーラーを使うときと同様に目頭、中央、目尻と3パートに分けてオン。

上から

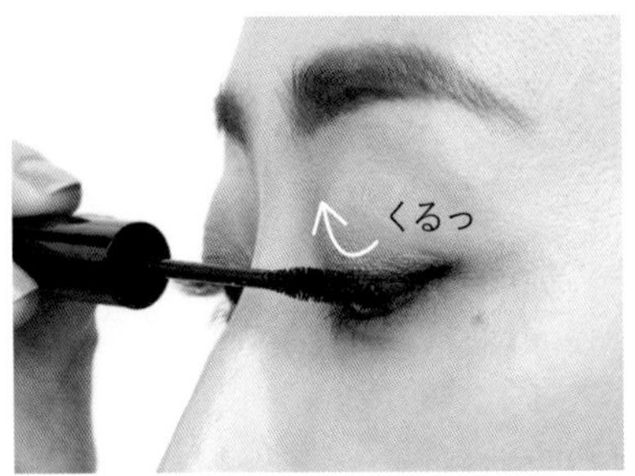

まつげの上側も根元にブラシを当てて小刻みに左右に揺らして毛先まで。まつげ全体をマスカラ液でコーティングする感覚。

下から

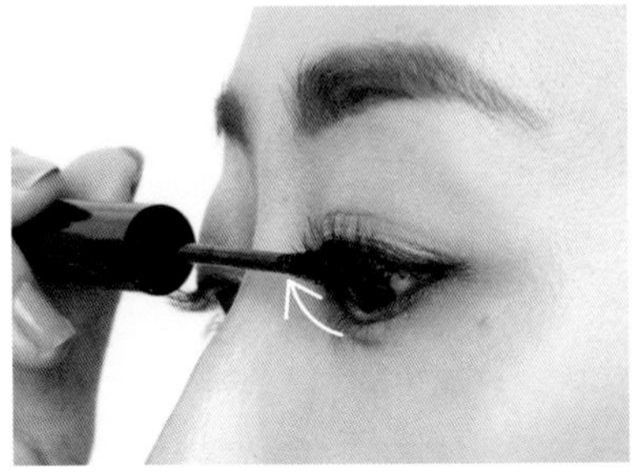

まつげを上げたら、まつげの下側の根元にマスカラのブラシを当てる。左右に小刻みに動かしながら毛先まで塗っていく。

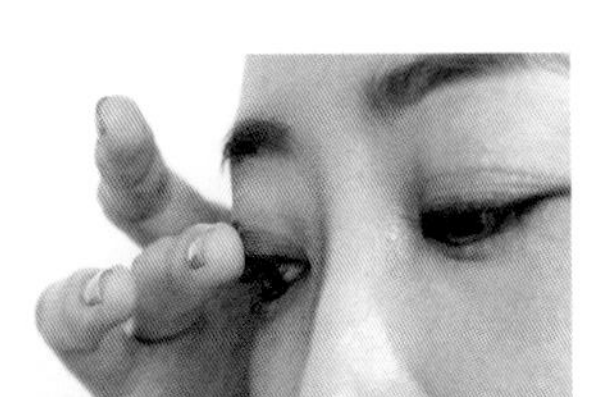

マスカラ後、カールが落ちてきたら

マスカラを塗ったら、マスカラ液が固まるまで指でまつげを軽く押さえておきましょう。そのままの角度で固定されるから、カールが一日中長続き。根元から押さえるとまつげが鋭角的に立ち上がってしまうので、根元は外して、まつげの中間を押さえるのがポイント。

POINT 4

ブラシをタテに使って産毛をキャッチ

極細毛にもしっかり塗布して目ヂカラUP

下まつげや上まぶたの目頭や目尻の極細の産毛は、細いブラシでもなかなかキャッチしにくい強敵です。ここはブラシのタテ使いで解決しましょう。肌に液がついてしまうのを防げるし、まつげ同士の間隔もキレイに整います。

《 目頭・目尻 》

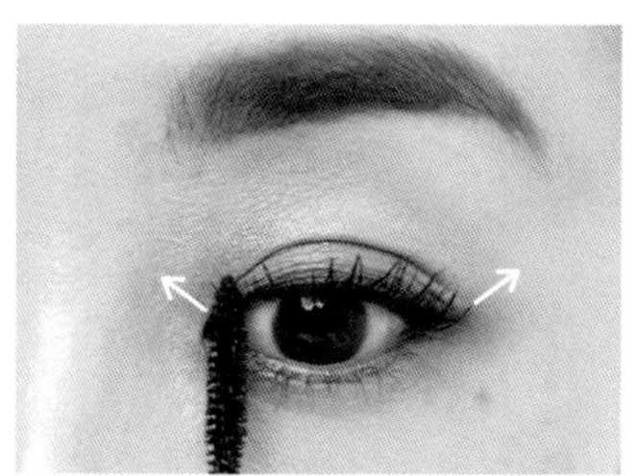

POINT 3の手順でまつげの上下にマスカラを塗布。ブラシをタテに持ち替えて、目頭は眉間方向、目尻はこめかみ方向へ。

《 下まつげ 》

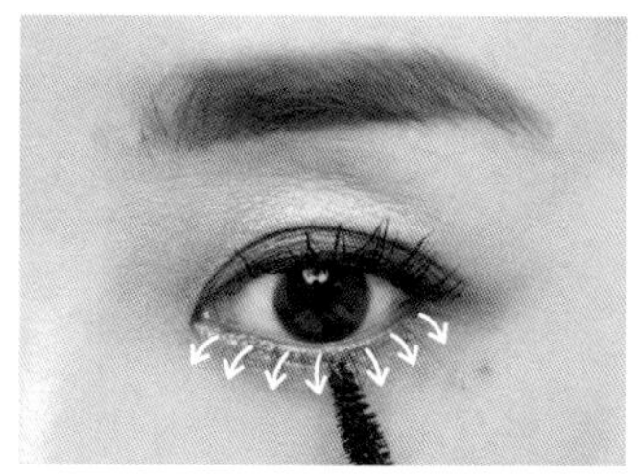

まずはブラシを横にしてさらっと根元から毛先方向に一度塗り。その後、タテにして斜め下に引くようにマスカラをオン。

POINT 5

目の下につく人はパウダーで保護

サラサラに整えてパンダ目を防止!

ファンデの油分が残っているとマスカラがまぶたにつきやすいので、塗る前にアイシャドウブラシで少量のフェイスパウダーを下まぶたのまつげより、やや広くふんわりオン。ウォータープルーフのマスカラや、根元〜毛先以外は透明マスカラ、毛先は黒いマスカラを塗るのも◎。

CHEEK

4 チークメイク

下がって凹む頬に、立体感と血色をさりげなくプラスして

Cheek

小さな子どものふっくらとしたほっぺ、最高に可愛いですよね。
理想は、あの立体感。年齢を重ねると頬はたるみ、
顔全体がのっぺりするうえに、こめかみの凹みや頬骨が
目立ちゴツゴツとした印象に。
チークで高さや立体感を操ってあげれば、まあるい頬を作れます。
また、適度な血色を肌にのせれば肌色の部分が減るので、
さりげない小顔効果まで！　ただしチークは、
顔にさまざまな嬉しい効果をもたらす反面、
一歩間違えると〝老け見え〟してしまう恐れも。だからこそ、
最適な色や質感、濃さと範囲を、しっかり見極めなくてはなりません。
一番大切なのはリアルな血色として肌に溶け込ませること。
決して、「キレイにチークを塗ってるな」と気づかれてはなりません。
チークは血色や立体感を補佐する大事な存在なのです。

頬は加齢でこうなる

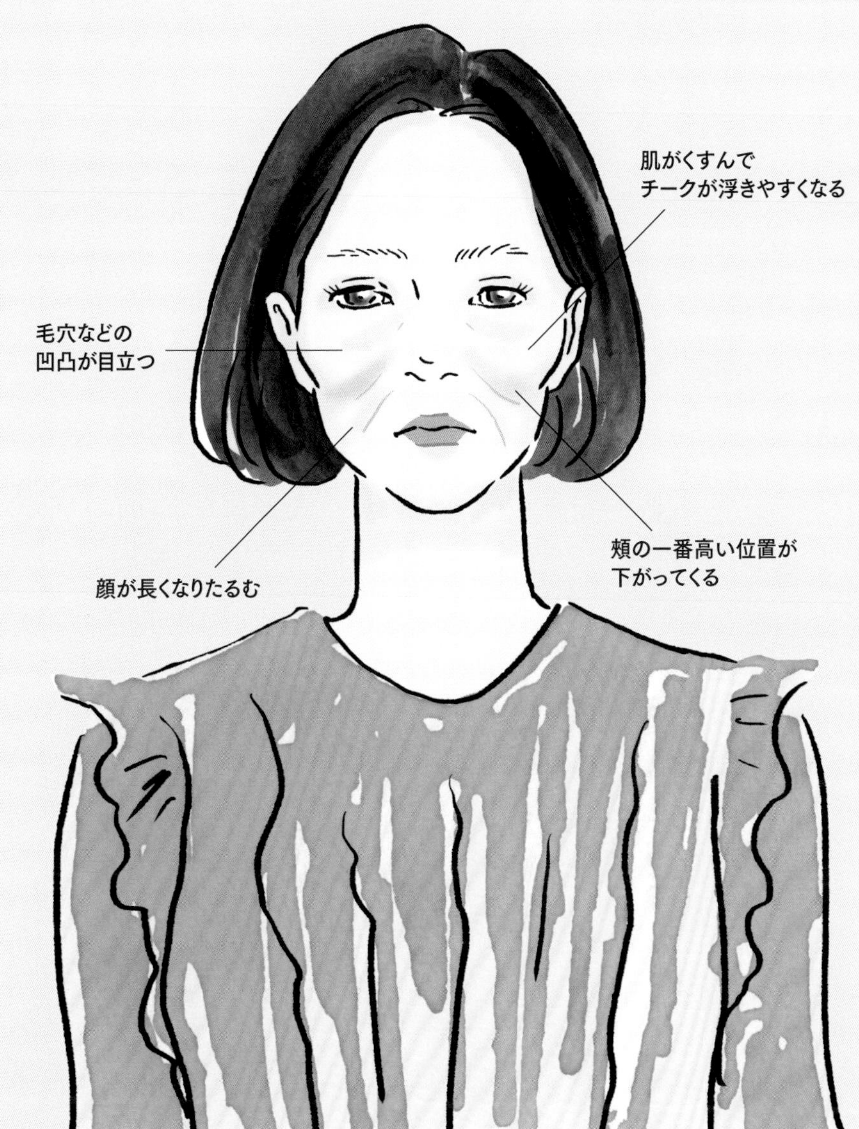
肌がくすんで
チークが浮きやすくなる
毛穴などの
凹凸が目立つ
頬の一番高い位置が
下がってくる
顔が長くなりたるむ

POINT 1

チークは位置と範囲が重要

①のラインに500円玉のエッジを揃え、②のラインが500円玉の中心を通るように。そこを起点に外側に0.5枚分ずらした1.5枚分が入れる位置と範囲。基本的に頬を高く見せ自然な立体感を演出するにはこの位置と範囲を目安にするのが正解。

①黒目の内側から下に延ばした線

範囲は500円玉1.5枚分！

②小鼻のつけ根から横に延ばした線

NG!

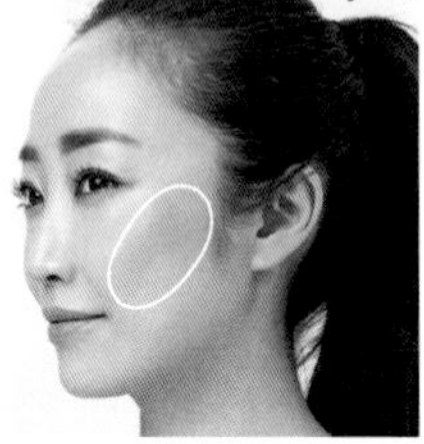

小顔に見せようとこめかみから口角に向かって斜めにシャープに入れてしまうと険しい表情になりやすい。

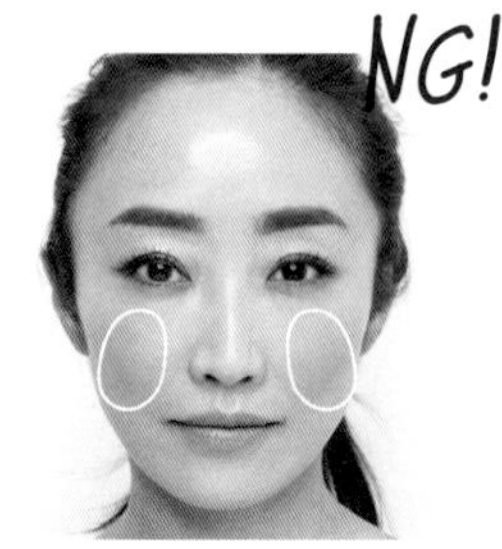
NG!

チークの位置を下げすぎると、頬が下がって見えて顔のたるみやほうれい線が目立ち、老け見えの原因に。

POINT 2

大きなブラシがマスト

小さいブラシだと

大きいブラシだと

ふんわり、リアルな血色が仕込めます

存在感を主張しすぎず、自前のような血色を仕込むのがチークの命題。発色や質感を厳選するだけでなく、大きめブラシを使うことも大事なポイント。毛足が柔らかで、粉をよく含むものを使いましょう。

オススメブラシ

大きめサイズでふんわりのせられる。パウダーブラシ ラージ 130 ¥7020／メイクアップフォーエバー

POINT 3

パウダーチークは「一方通行」塗り

色ムラを防いで、ほわっと自然な血色に

適量のチークを含ませたブラシ（粉の含ませ方、払い方はP.104参照）で、**POINT 1**で紹介した位置＆範囲になるように。ブラシを内側から外側へと一方通行でのせると、均一で自然な色づきに。

仕上がり

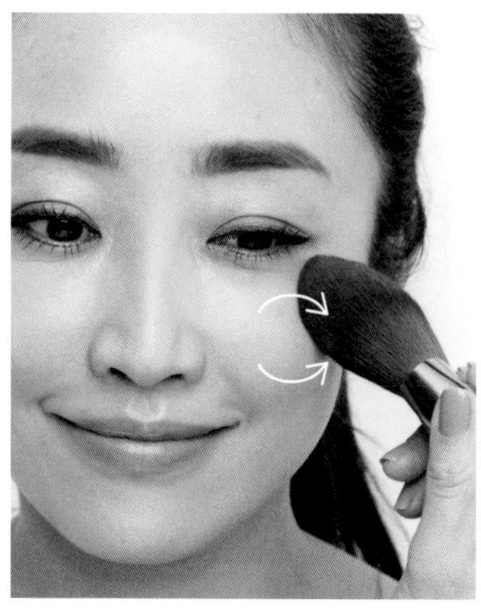

オススメアイテム

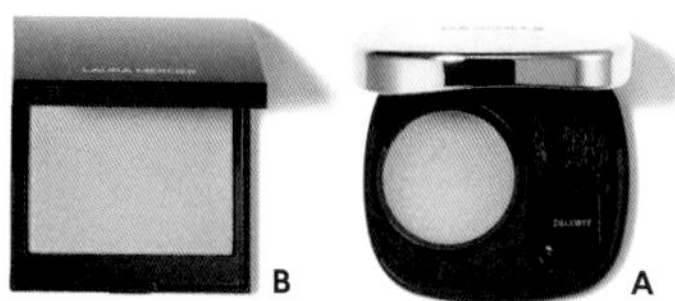

A透明感を出したいときは、ほんのり青みが入った淡いピンクベージュを。パウダーブラッシュ 807 ￥5500／コスメデコルテ　**B**ヘルシーな血色の良さを求める日は、ヘルシーなコーラルベージュを。ブラッシュ カラー インフュージョン 14 ￥3850／ローラ メルシエ ジャパン

POINT 4

練りチークは「なると」塗り

じわっと体温と湿度も感じさせて

塗るのはパウダーチークと同じく、**POINT 1**の位置です。指に少量とったら、トントンと優しく叩き込みながら〝なると〞の模様を描きます。〝なると〞の中央が一番濃く、だんだんと外側にいくにつれて淡くなるように広げると、じんわりとした血色が完成。

| 仕上がり |

オススメアイテム

A 頬に溶け込むように発色するフェイスカラー。上気したような血色感に。インフィニトリー カラー 09 ¥3520／セルヴォーク　**B** マット質感＆クリームテクスチャー。肌にさりげない血色と洗練ムードを宿すベージュ。エアーマット ブラッシュ 00535 ¥4070／NARS JAPAN

POINT 5

大きな鏡を使って引きで見る

近づけたり、離したりしてベストな濃さ＆位置を把握

顔全体がしっかり映る大きめの鏡を使うのが、自然な仕上がりのコツ。ほんのりとしたベストな血色に仕上げるために、鏡を近づけた状態、離した状態両方で濃さと位置のチェックを。チークだけでなく、すべてのメイクを窓際などのなるべく明るい場所で行うのも、メイクが濃くなりすぎない秘訣です。

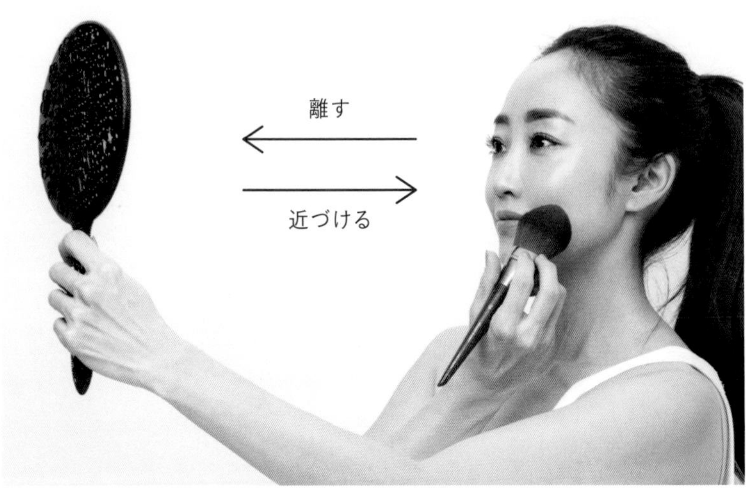

NG!

小さな鏡を使うと失敗しやすい

チークやシャドウのケースについている小さな鏡では、１パーツしか映せず全体のバランスが取りにくいため、ついつい濃くなってしまいます。大きい鏡に替えて全顔を見ながらメイクを!

位置や濃さが適切ならば、
メイクのこなれ感が上がって
〝老け見え〟を回避！

何だってツールになる！ 美容

本来はメイク用ではないものが、
メイクの完成度を高めてくれることが！
すぐ取り入れられる3つのアイテムをご紹介。

ITEM:01

スプーン

コンビニでヨーグルトなどを買うともらえる透明なプラスティックスプーン。これはマスカラを塗る際にマスカラ液がまぶたにつくのを防止するのに便利。小さめサイズが使いやすい。

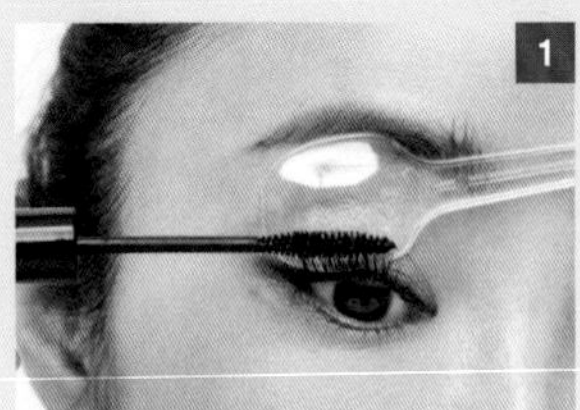

スプーンのカーブを
上まぶたに沿わせて

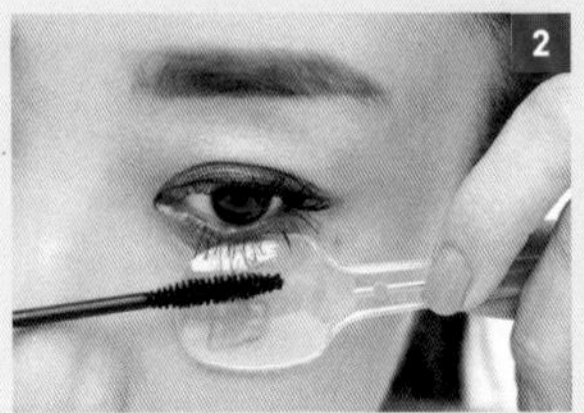

下まつげの塗りやすさが
格段にアップする

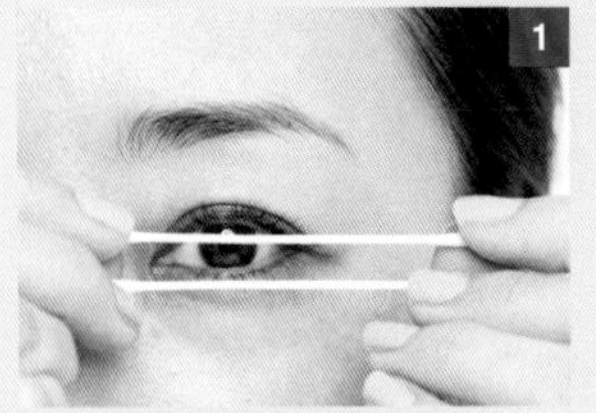

目のタテ幅の2/3を
2本の綿棒で測る

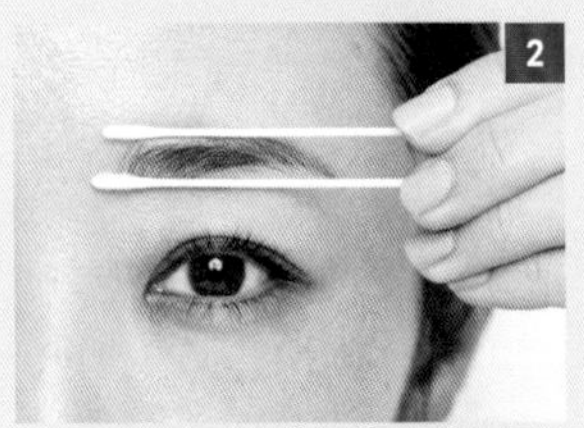

その幅のまま上方向に
スライドして眉に

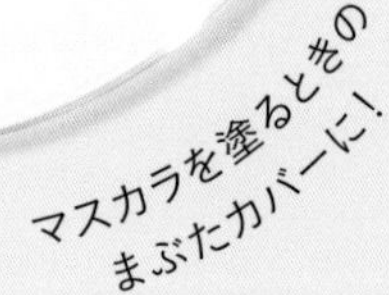

マスカラを塗るときの
まぶたカバーに！

Spoon

Toothbrush

ヘアコーム代わりに
使えて便利！

ITEM:02

歯ブラシ

髪をタイトにまとめたときなどに、もやっと出てくる細い毛をなでつけるのに活躍するのが歯ブラシ。スプレー剤をつけて使うとより髪がまとまる。

1 毛流れに沿って、短い毛をなでつける

2 もみあげ部分のもやっとした毛にも!

Cotton swab

テープで2本をつなげば
特製眉スケールに！

ITEM:03

綿棒

アイメイクを直す際など、何かと重宝するベビー綿棒は、眉の幅を決めるときにも便利。私は、マツモトキヨシのベビー綿棒を長年愛用しています。

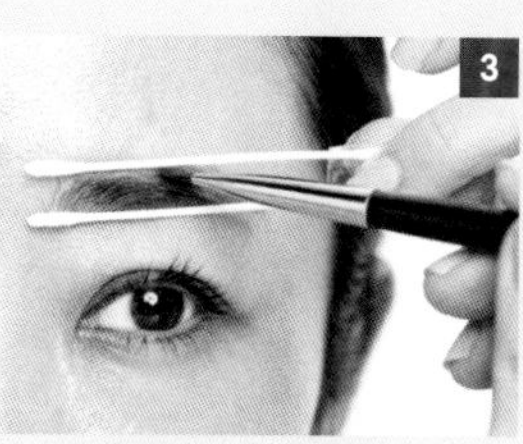

3 2本の綿棒の間で毛のない部分に色を足す

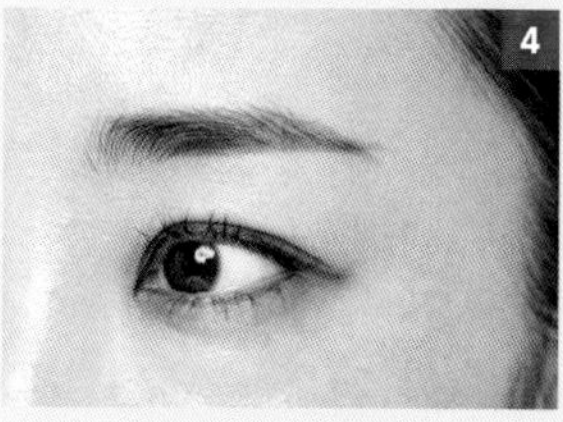

4 仕上げに眉尻を整えれば美しい眉が完成!

応用編

“老けない” メイクバランス

せっかくキレイにメイクしたのになんだかすっぴんのときよりも
老けて見える、イマイチあかぬけない……。それはメイクが間違って
いるのではなく、服やTPOにマッチしていないからかもしれません。

MAKE 1 仕事

欠かせないのは清潔感。肌作りもカラーメイクはそれを考慮して組み立てましょう。ベーシックなシーンだからこそ、シャドウやリップに“旬”をさりげなく取り入れて更新も忘れずに。

これは老け見え!

大きなラメ入りシャドウやツヤが過剰なリップ、濃いチークなど、パーツごとの主張が強すぎると老け見えの原因になりがち。

MAKE 2 カジュアル

肌作りが大事なポイントで、作り込みすぎない素肌が透ける質感に。パキッとインパクトのある旬カラーを唇にのせて、他のパーツは引き算。カジュアルを素敵に見せるバランス。

これは老け見え!

肌をしっかりつくり込んだり、きっちりグラデ・シャドウにするなど、コンサバなメイクをすると、途端に古い印象になる。

MAKE 3 オケージョン

つい頑張りたくなりますが、こういうときこそ大人の余裕を。色で簡単に特別感を出すのではなく、肌を丁寧に仕上げ、ヌーディなワントーンに。派手ではなく端正なメイクを心がけて。

これは老け見え!

くっきりと主張するアイラインや、ツヤツヤのローズのリップ、しっかりチークなど全パーツを全力で盛ると、老け見えが加速。

MAKE: 1

Work

仕事

ベーシックからはみ出さない旬な色と質感を取り入れて

EYE

主張しすぎないパール入りのブラウンシャドウでまぶたを横長なフォルムに。極細のアイラインでさりげなく目元を際立たせて知的に。

LIP & CHEEK

リップは絶妙な血色感と旬を感じる黄み系ベージュを。チークはかすかな血色を宿すコーラルベージュを広めに。

MAKE : 2

カジュアル

Casual

朱赤のマットリップなら
インパクトもヘルシーも

EYE

シャドウなどでアイメイクは盛らず、黒のマスカラをサラッと塗るのみに。ここを引くからこそ、唇の存在感がおしゃれに引き立つ。

LIP & CHEEK

チークはごく淡く、肌の明るさをアシストする程度。マットな朱赤リップを唇全体にのせた後、輪郭を軽くぼかすとよりカジュアルに。

MAKE: 3

オケージョン

Occasion

色やツヤで主張するより
大人の余裕を醸し出す
柔らかなワントーンに

EYE & CHEEK

黄みが強めの旬のベージュシャドウで目元を仕上げ、極細のインラインで端正な目元に。チークは淡いピンクをほんのりとオン。

LIP

ヌーディな中にかすかなピンクを感じるベージュのリップを唇に。ふっくらとなるように丁寧に塗ることで、大人の余裕を感じさせて。

第四章／老けシグナル対策

Aging Signal

Megumi's method

自分らしく年齢を重ねていく過程で、
新たに取り入れていくべき大切なケアがあります。
一見、しなければいけないことがただ増えたような
面倒くささを感じるかもしれません。
けれどここで新たな意識やケアを取り入れることで、
格段に生きる心地よさが変わります。
見た目を超えた穏やかでパワフルな美しさが育つのです。

AGING SIGNAL:1

更年期

心のモヤモヤや小さな不調を見逃さずに向き合っています

少し前からなんとなく、気持ちがモヤモヤしたり、生理周期が乱れたり。もしや更年期？と思うことがありました。そこで人間ドックの際に更年期に関するチェックをしたり、ＢＨＹの尹生花（いんせいか）先生に東洋医学を学ぶなど、できる範囲での対策を行っています。更年期を怖いと思うのは、症状そのものだけでなくそれが未知のものだから。ですから体の不調や変化に気づかないフリをせず、能動的に情報を集めることで、やみくもに不安になることなく対峙できるのだと思います。まだはっきりとした症状があるわけではありませんが、対策として私が取り入れているのは東洋医学をヒントにした生活スタイル。仕事柄、すべてを完璧に実践することはできませんが、朝のスムージーを白湯に置き換え、朝食はお粥に。そして私は日中熱がこもりやすい体質なので、その熱を夕方のスムージーでリセット。そして夜は23時に寝るように。続けていたら、体調もよく気持ちのくもりも晴れてきました。来るべき本格的な更年期に備えて、これからも対策を講じていくつもりです。

松倉クリニック代官山

血液検査で体の状態を把握できるのがいい

気になる症状が現れたときに相談したり、定期的に血液検査を受けて、鉄分をはじめとした体に必須な成分の過不足をチェック。いつか本格的な症状が現れたときにも頼る予定。

ＢＨＹ表参道

生理不順対策や更年期の備えとして通っています

生理不順の対策として「卵巣ヒーリング」（初回￥16500）を定期的に受けています。本格的な更年期ではないけど、なんとなく不調を感じている"プレ更年期"の方の対策としてもオススメ。

詳しいデータは ▶P177へ

更年期とは?

閉経前の5年間と閉経後の5年間を合わせた10年間を指す。個人差はあるが平均は45～55歳。この期間にプロゲステロンとエストロゲンといった女性ホルモンが減少すること、そこに加齢や性格、環境、ストレスなどが複合的に関与した結果、更年期症状が発現。

どんな症状が出る?

頭痛、めまい、不眠、ホットフラッシュ、動悸・寝汗、むくみ、イライラ、鬱症状、女性器の萎縮、性交痛など症状は程度の違いも含めさまざま。日本人はこれに加え、肩こりや疲れやすさが出やすいと言われる。日常生活に支障が出るほど辛い場合を"更年期障害"と呼ぶ。

自分が更年期か見極める方法は?

上記のような症状が単発で、または複合的に出る。そしてその症状の原因がわからない（＝他の病気ではない）場合は更年期症状の可能性が大きい。また30代後半からはプレ更年期と呼ばれ、自律神経が乱れやすくなることも。だるさや不眠、食欲不振などが現れる。

監修：松倉クリニック代官山　貴子先生

クリニックで行われる処方は?

（松倉クリニック代官山の場合）

更年期症状はクリニックで治療することが可能。似た病気由来の不調もあるので、まずはそれをチェックすることも大切。

【 薬物療法 】

① 漢方薬

症状によって処方される漢方薬は異なる。代表的なものは、当帰芍薬散（冷え・貧血）・加味逍遙散（不眠・不安）・桂枝茯苓丸（のぼせ・下腹部痛）、五積散（冷え・頭痛）など。

② HRTホルモン補充療法

加齢に伴い減少したホルモンを注射や薬などで補う治療法。治療前と開始後定期的に血液検査で現在のホルモンの量とバランスのチェックが必要。費用は￥131500～／年（初年度）。

③ 向精神薬

更年期症状でイライラや不眠、情緒不安定といった症状が出ることも。症状が強い場合には向精神薬が処方されることも。

生活習慣で気をつけることは?

睡眠不足や過食、糖質の過剰摂取や肥満、ストレス、生活リズムの乱れは、更年期症状を悪化させる原因になるといわれている。さらにミネラルやタンパク質、ビタミンのバランスが悪いと更年期症状が出やすくなったり、各種治療の効果が出にくくなることも！

更年期対策としてよく用いられる成分、エクオール配合のサプリメント。軽度な更年期症状対策にも。**A**the F advance 60粒 ￥8640、鉄（Fe）と亜鉛（Zn）も不足しがちな成分。薄毛対策としても摂取したい。鉄が不足しているか否かは人それぞれ。血液検査で事前のチェックがオススメ。**B**the Fe 60粒 ￥6156、**C**the Zn beauty mix 90粒 ￥6480／タカコスタイル

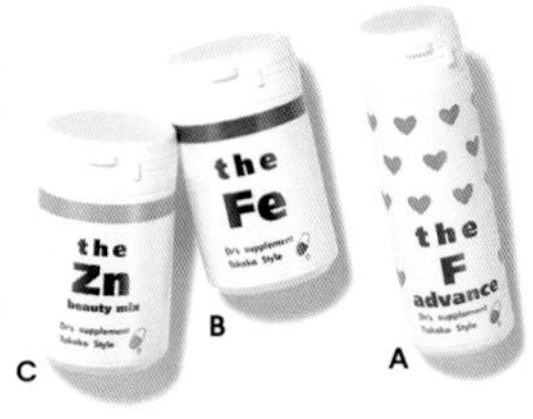

監修：松倉クリニック代官山　貴子先生

AGING SIGNAL:2

デリケートゾーン

心と体の健やかさのためにデリケートゾーンのケアを

デリケートゾーンをケアすることは、誰かのためではなく自分のため。私は40歳を過ぎた頃に、VIO脱毛を始めました。アンダーヘアがない方がお手入れもしやすいし、清潔に保てると知ったから。医療脱毛は白髪になるとできないので、なるべく早い方がいいと思います。お手入れは、専用のアイテムを使います。実はデリケートゾーンの経皮吸収率は腕のなんと約42倍との研究結果もあるため、洗う際にも低刺激な専用のウォッシュを使いますし、最近はナプキンのいらない吸水ショーツを使っています。オイルを使った膣マッサージも習慣にしています。清潔なオイルを使って、膣の形に沿ってマッサージ。保湿され、血流がよくなり、ゆるみが改善される効果が期待でき、閉経後に起こる膣の萎縮や尿もれが改善されると言われています。さらに膣マッサージは、デリケートゾーンだけでなくホルモンバランスや自律神経の乱れなど、加齢とともに出てくる不調のケアにもつながるそうです。

デリケートゾーンのオススメアイテム

マッサージオイル

A **100%ヴィーガンのこだわり処方**

デリケートゾーンのクレンジング＆保湿に使えるアイテム。さらに抗菌、抗真菌、収れん作用も。モイスチャライジングオイル シーバックソーン ＋ フラゴニア 75mℓ ¥3520／リンガホー

B **リラックスへと誘う癒やしの香り**

女性のデリケートゾーンのために厳選された天然精油を配合し、気になるニオイもカバー。ケアと洗浄、両方に使える。アロメディカ フェミノール 100mℓ ¥3300／マインドライブ

吸水ショーツ

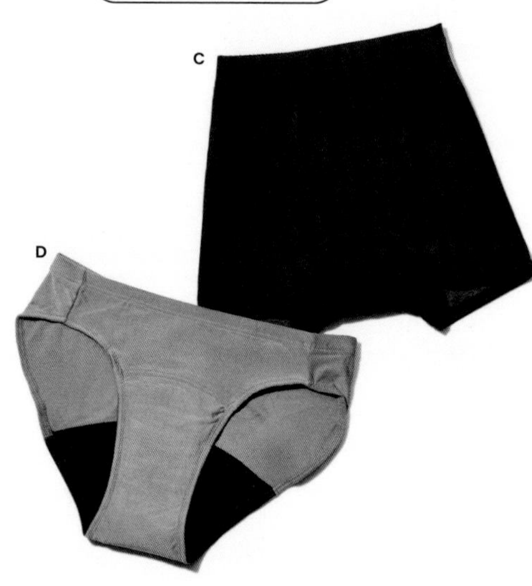

C **抜群の包容力で安心して過ごせる**

約120mℓもの液体を吸収。横もれ防止テープも完備され、吸収、抗菌、防臭機能も優秀。自宅で過ごす日には、安心感あるこちらを使用。シグネチャーショーツ 02 ¥7590／ベアジャパン

D **カラフルなカラバリと服に響かないデザインが魅力**

ナプキン６枚分もの高い吸水率を持ちながら、ミニマムなデザインで洋服にも響きにくく、外出の際にも便利。防臭機能や制菌効果までもを網羅。吸水ショーツ standard ¥6105／Nagi

AGING SIGNAL:3

白髪・薄毛

マッサージからクリニックまで、状態に応じた対策を！

過度なダイエットによる栄養不足や冷え、ストレス、睡眠不足などの生活習慣の乱れ、そして加齢によって、白髪が増えたり、髪が薄くなったりします。まつげや眉も髪と同様に、年々薄くなりがち。完全に食い止めることはできないけど、進みを緩やかにすることはできます。まず、白髪、薄毛予防、どちらの面でも心がけたいのが、血行促進。大人の頭皮はガチガチに凝り固まって、血行不良を起こしていることが多いのです。ヘッドスパなどでプロの手を借りるだけでなく、頭皮専用のケア成分が入った美容液や頭皮用美容家電などのギアを使ってマッサージをするのもオススメ。また頭が冷えると血行がさらに悪くなるので、冬場などは帽子で防寒対策を。薄毛も白髪も進行してしまうとなかなか自力でのケアが難しいので、クリニックに頼るのもいいと思います。頭皮の状態に応じて、サプリの提案だけでなく育毛、発毛に効果があると言われているミノキシジルなどの薬や、注射などで発毛促進成分を注入する再生医療にトライすることもできます。

オススメアイテム

＼ まつげケアはこれ! ／

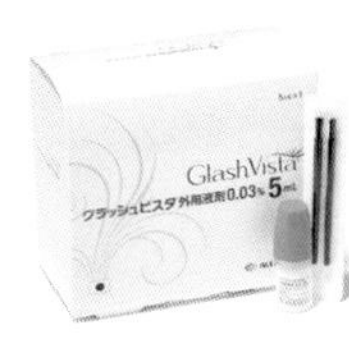

1日1回、夜の使用で太く長いまつげを育てる。※購入にはカウンセリングが必要。グラッシュビスタ 5mℓ ¥27500／松倉クリニック代官山

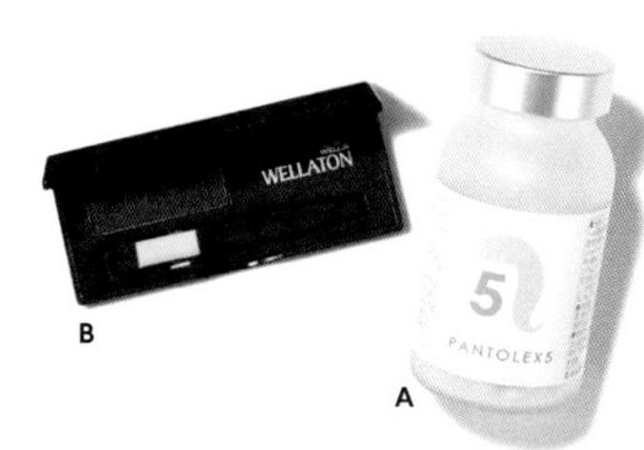

A 抜け毛や薄毛に悩む人のための栄養分がぎっしり。亜鉛や鉄と一緒に飲むのもオススメ。PANTOLEX5 120粒 ¥10800／タカコスタイル　**B** パウダーが髪に絡んで、白髪を自然にカバー。ウエラトーン リタッチコンシーラー 全2色 ¥1650(編集部調べ)／HFCプレステージジャパン ウエラお客様相談室

AGING SIGNAL:4

オーラルケア

歯そのものだけでなく歯茎もしっかり労って

歯の白さなどの外見的な美しさも大事ですが、歯茎などの土台もしっかりケアすることの大切さを、年々感じています。食生活の乱れやストレス。オーラルケアでもまた、これらがトラブルの原因になるため、きちんと見直したいところ。私は定期的に、歯のクリーニングや状態のチェックを歯科で受けるだけでなく、レントゲンを撮り、歯茎と歯根も一つ一つむくみの有無や健康状態のチェックを受けています。デイリーなケアとしては、歯と歯茎の間まで電動歯ブラシでしっかり磨いたら、フッ素入りの歯磨きジェルを歯間ブラシにつけたものやデンタルフロスで歯の隙間をくまなくお掃除します。仕上げに、殺菌力に優れたマウスウォッシュを。所要時間は8分くらいでしょうか。これを朝と夜、可能ならば昼にも行います。ストレスがたまると、抗菌などの自浄作用を持つ唾液の分泌が低下して、歯周病や虫歯になりやすくなると言われています。なるべくストレスを溜めないように、または解消できるように心がけることも、オーラルケアの一環なのです。

オススメアイテム

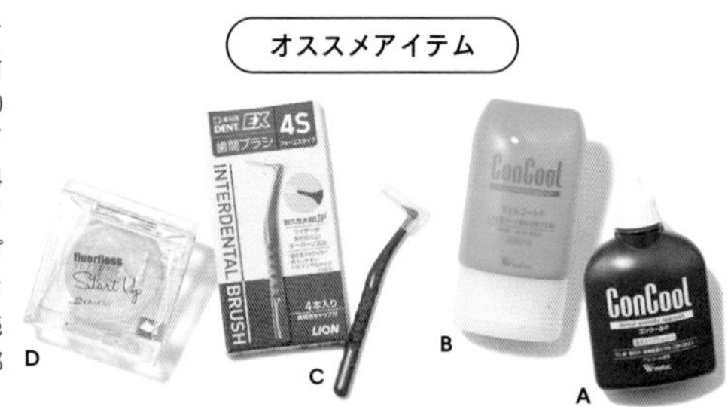

A水で薄めて使うタイプのマウスウォッシュ。高い殺菌力と低刺激な使用感が魅力。ジェルで磨いた後のすすぎ用としても◎。コンクールF 100mℓ、**B**歯の表面を優しくコートするフッ素入りの歯磨きジェル。研磨剤不使用。ジェルコートF 90g 各￥1100／ウエルテック

C歯の隙間にあわせたサイズ展開。DENT.EX歯間ブラシ 4S〜LL ￥550（4本入り・編集部調べ）／ライオン歯科材　**D**384本の繊維と272本のマイクロファイバー繊維でプラークを除去。フロアフロス Start Up（歯科専売品）40m ￥880(編集部調べ)／オーラルケア

Column

"老けない"ための愛用厳選ギア

最新のテクノロジーやゴッドハンドの知見が詰まったギアで
エイジングケアをサポート。コスメの効きも上がります。

D

一回でもう魅了された美顔器の最高峰！

ヘアメイクさんにも愛用者の多い人気美顔器の進化版。毛穴レベルの洗浄からリフトアップ、美容成分の導入までと万能な一台。セルキュア４T++ ¥199100／ベレガ

C

頭のこりをほぐして頭皮を柔らかく

人の手で揉まれているような感覚で、頭皮のこりを撃退して柔らかく。寝る前にベッドで横になりながら使っています。リファグレイス ヘッドスパ ¥32780／MTG

B

リフトアップも肩こりもこれ一台でケアできる

目がぱっちりと開き、フェイスラインもシュッ。肩こりや背中のむくみ対策にも活躍します。INAZUMA（専用ジェル１本つき）¥198000／山口ビューティーメソッド

A

コスメの効きを上げて透明感を底上げする

メイク前のスキンケアの際に使うと肌がもっちり。シートマスクやコットンマスクを肌にのせて使うと透明肌に。スチーマー ナノケア EH-SA0B オープン価格／パナソニック

SALON & CLINIC

駆け込みサロン&クリニック

忙しい日々に寄り添い、支えてくれるのがプロたちの〝手〟。
ときにケアのヒントもくれる頼もしいゴッドハンド揃い。

カラー&トリートメント

旬で品あるカラーと絶品トリートメント

Un ami omotesando

「肌映えまでも考慮して、ヘアカラーを提案してもらえます。定期的に髪質改善のトリートメントも受けていますがツヤツヤ&しっとり。」

DATA

東京都渋谷区神宮前5-6-13 ヴァイス表参道1F
03-5774-1011
https://www.un-ami.jp/

ヘアカット

絶好のロケーションにも癒やされます

BEAUTRIUM 七里ヶ浜

「海を見ながら旅気分が味わえるロケーション。長年担当していただいている川畑タケルさんのカットは、動いたときにも美しく毎回感動。」

DATA

神奈川県鎌倉市七里ガ浜1-1-1 WEEKEND HOUSE ALLEY #04
0467-39-1201 https://beautrium.com

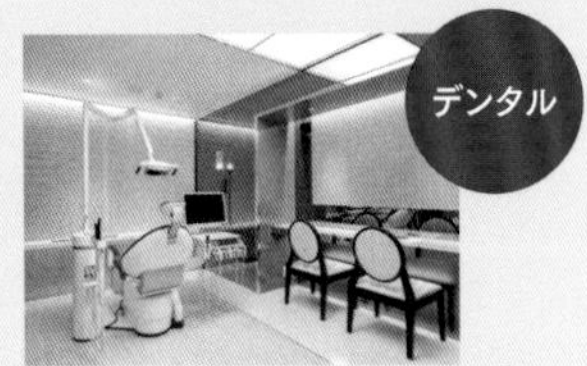

デンタル

白い歯と健康的な歯茎のために

医療法人 貴和会銀座歯科診療所

「ここに通うようになってから歯茎の大事さを痛感。健診とクリーニングのたびに、歯も歯茎も丁寧にチェックしていただけるので安心。」

DATA

東京都中央区銀座6-9-8 銀座UKビル7F
03-3572-1181
https://www.kiwakai-ginza.com

頭皮ケア

頭皮の毛穴詰まりもコリも撃退できる

SalondeRejue

「頭皮環境を整えるべく通っています。「毛穴ディープクレンジング」を受けると、毛穴詰まりが一掃！　頭皮に透明感がよみがえります。」

DATA

東京都港区南麻布5-15-9 バルビゾン70番館2F
03-5793-3359
https://www.salon-de-rejue.com

更年期に備えたケアと知識のために

BHY表参道店／BHYアカデミー

(ビー・エイチ・ワイ)

来る更年期に備えて通っています。〝卵巣ヒーリング〞などの施術を受けるほか、東洋医学について院長の尹生花先生に学んでいます。

| DATA |

東京都港区南青山3-18-20 南青山松本ビル7F
☎ 03-6447-0585
https://www.bhy.co.jp

〝老けない美容〞のまさに駆け込み寺！

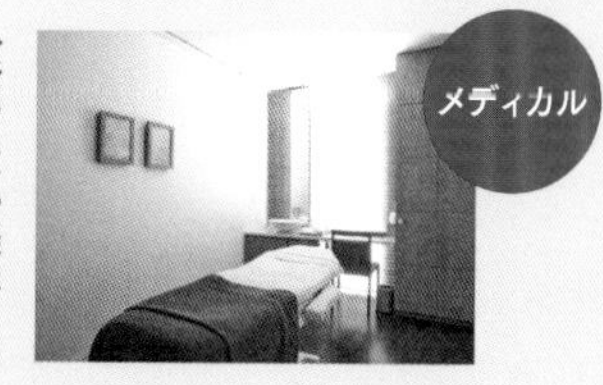

松倉クリニック代官山

ニキビやくすみなどの肌荒れから、頭皮の悩み、女性ホルモンのことまで、豊富な経験と深い知識を持つ院長の貴子先生に頼っています。

| DATA |

東京都渋谷区猿楽町16-15 代官山 T-SITE GARDEN 5号棟2F ☎ 03-3770-7900
https://www.matsukura-daikanyama.tokyo

顔の長さや幅が変わるほどの効果

代官山山口整骨院

山口良純院長はまさにゴッドハンド。1回で顔の横幅も長さも変わって小顔に。たるみのメカニズムについても教えていただいています。

| DATA |

東京都渋谷区恵比寿西1-17-10 B1
☎ 03-5428-0745
http://seikotsu-daikanyama.com

骨格から整うからヘルシーなボディに

CLUB100

中野ジェームズ修一先生のトレーニングはただ細くなるだけじゃなく、骨格や筋肉から整う。ちょっとハードですが、最高に気持ちいい！

| DATA |

東京都新宿区岩戸町17 文英堂ビル1102
☎ 03-5225-1626
https://club100.sport-motivation.com

溜まった疲れも一掃できる！

スパ アット 東京エディション虎ノ門

すべてハンドで行うトリートメントは天下一品。全身のトリートメントを受けるのですが、つま先から頭まで疲れが全部ほぐせます。

| DATA |

東京都港区虎ノ門4-1-1
東京エディション虎ノ門31F
☎ 03-5422-1640

透明感が上がり晴れやかな肌に

エンビロンズ銀座

撮影前にどうしても肌トーンを上げたい時の駆け込みサロン。〝エッセンシャルトリートメント〞を受けると透明感が劇的に上がります。

| DATA |

東京都中央区銀座6-5-13 CSS Building Ⅲ 9F
0120-255-264
https://environsginza.com

All Process

Megumi's method

第五章／老けない美容完全プロセス

こうして画像を並べると、「こんなにやらなきゃいけないの？」、
そう思ってしまうかもしれません。でも時間にすると、髪は長くて20分程度。
スキンケアは1項目2〜3分。ベースメイクは8分ほどで完成します。
まずは、この流れにそって3日間試してみてください。
そうすることでコツがつかめ、「もっとこうしたほうがいいかも」という
自分流の方法も見つかるはずです。
基本のステップに自分流を組み込み、アレンジ。
応用力も身につくはずです。

Hair Styling

ヘアスタイリング完全プロセス

ブロー

Start!

密集した髪の中にも風がしっかり入るように、手は熊手形に。手ぐしでかき上げながら、ドライヤーの風を入れよう。

1

まずは乾きにくい
えり足から

2

頭頂部の髪をめくり
内側に風を当てる

3

ボリューム
UP

左右の髪を逆サイドに
かき上げながら

ストレートアイロン

6

もみあげは
念入りに行って

7

前髪付近の
もやもや撃退

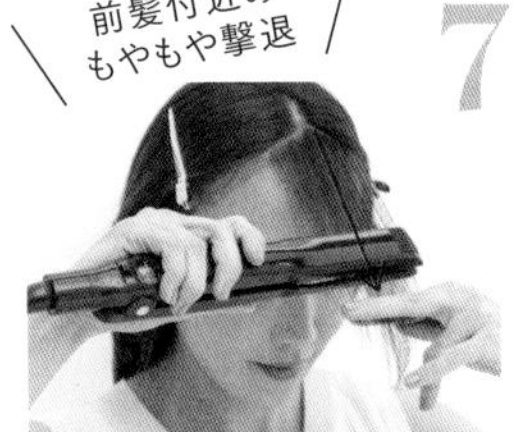

前髪は斜め下に軽く
引っ張りながら

8

えり足付近の毛も
しっかり伸ばして

カールアイロン

12

ワンカールで
ふんわり

まずはサイドを
ワンカール

13

前髪は斜め下に
ひっぱりながら

14

頭頂部の髪は
上に持ち上げながら

4

前髪はいろんな
方向に動かしながら

5

ツヤを増強

仕上げに冷風で
締めてツヤッと

**朝、髪を洗わないときは
前髪だけ濡らす!**

水や寝グセ直しスプレーを使い、その部分だけをしっかり濡らす。

濡らすのはクセやうねりが出やすい前髪部分と生えグセ部分。

9

"ウニ"の
方向に

トップの髪は
持ち上げながら

10

根元を
立ち上げ

後頭部も上向きに
してボリュームUP

11

"面"のツヤを
出す

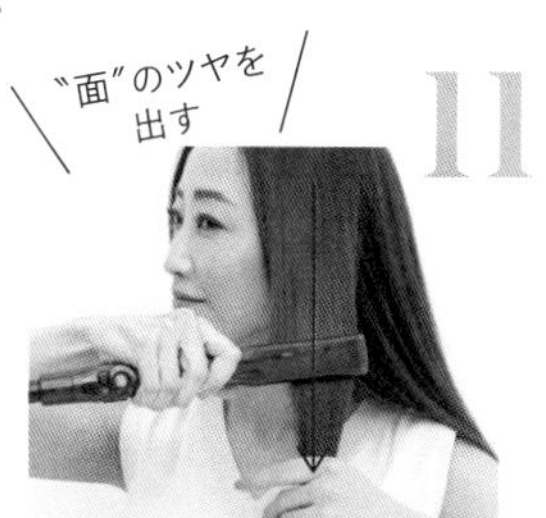

サイドの表面を
キレイに

髪が長くやりにくいなら

全部まとめて前にもってきてもOK

15

空気を
含ませる

ワシャワシャッと
手ぐしでほぐす

ワン
カール

Finish!

ふわ巻きの場合

P181の
プロセス11の
続きから

毛束のとる量で
ゆる巻きや
ボリューム巻きもできます

詳しくは ▶**P038**へ

カールアイロン

12

ブロッキング

頭頂部、中間、えり足3つのパートに分ける

13

えり足部分を内側に巻いていく

14

横に向かって

顔まわりは外巻き、それ以外は内巻き

15

ハチまわりは上に持ち上げて外巻き

16

前髪は外巻き

前髪は顔に沿って外巻きにする

17

ほぐす

髪の中に空気を入れるようにほぐす

ふわ巻き

カールアイロンのコツ

髪を巻いたら、プレートを少し広げる→元に戻すを繰り返しながら毛先までアイロンを滑らせる。毛先まで熱がまんべんなく伝わることで、柔らかくて美しいカールに仕上がる。

1

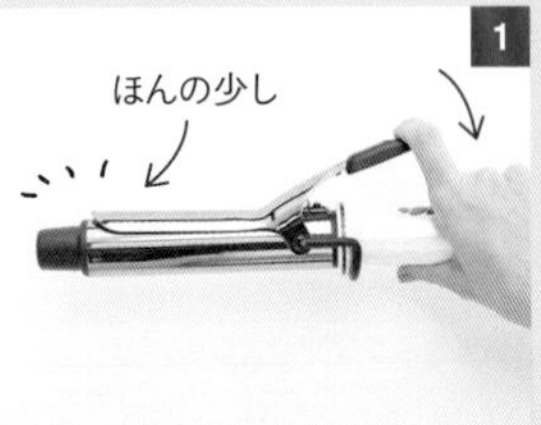

プレートをほんの少し広げる

2

プレートを広げる→戻すを繰り返す

Skin Care

スキンケア完全プロセス

＼夜だけ／

クレンジング

B.A クレンジングクリーム
130g ￥11000／ポーラ

1
さくらんぼ1個分
を手のひらに出す

2
まずは皮脂分泌の
多いTゾーン

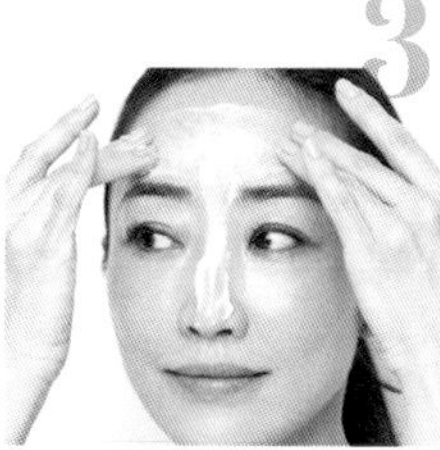
3
くるくると指で
優しくなじませる

4
小鼻のまわりは
丁寧にくるくる

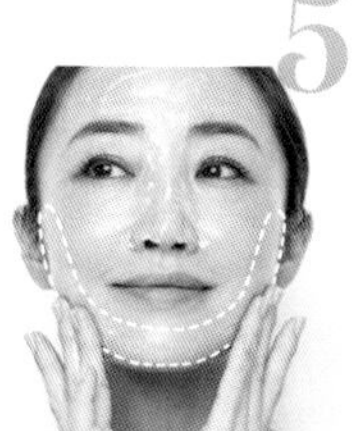
5
額以外のフェイス
ラインに広げる

6
左右の頬全体に
なじませていく

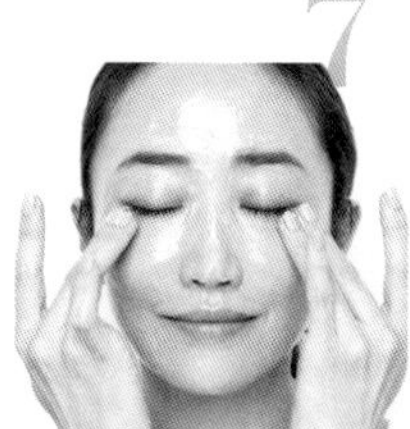
7
乾燥しやすい目と
口まわりは最後に

＼ゴシゴシしない／
8
ぬるま湯で優しく
こすらず流す

週2で首と背中をクレンジング

1
デリケートな首筋は
優しくなじませて

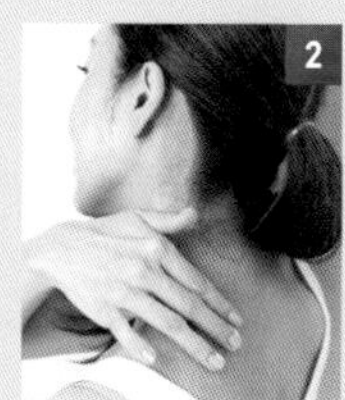
2
ニキビ予防のため
にも背中はしっかり

首や背中は、汚れが溜まってくすみがちなので、週2でクレンジングを。毛穴の汚れもすっきり取れて、透明感が上がります。首まで下地や日焼け止めを塗っているなら毎日。

洗顔

カネボウ コンフォート ストレッチィ ウォッシュ 130g ￥5500／カネボウインターナショナルDiv.

9

たっぷりの泡で

弾力あるたっぷりの泡を準備!

10

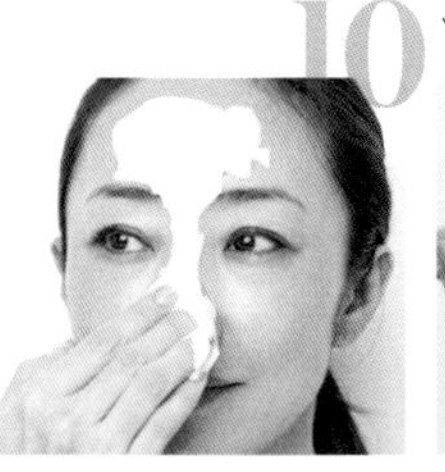

まずはTゾーンに泡をのせていく

11

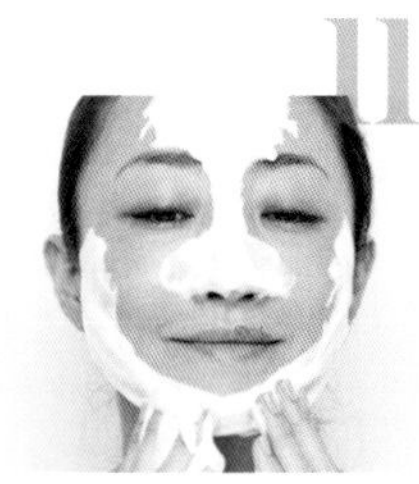

ニキビが出やすいフェイスラインと首に

化粧水

右から、めくるコットン 大きめサイズ 70枚￥347（編集部調べ）／コットン・ラボ、クラリフィック デュアル エッセンス ローション 150㎖ ￥12100／ランコム

16

コットン全体に化粧水をたっぷり

17

コットンを優しくすべらせながらオン

18

しぼんだ肌もふっくら

“追い”化粧水の後にハンドラップ

クリーム

23

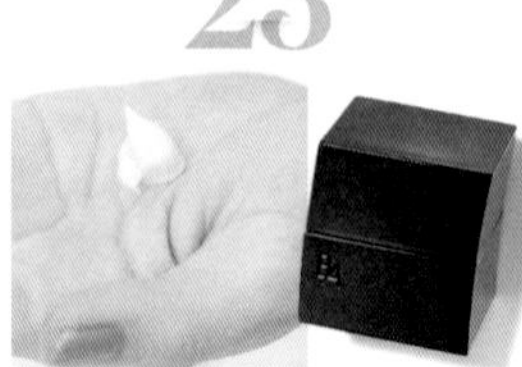

クリームの量は規定の1.2倍

B.A クリーム 30g ￥35200／ポーラ

24

ツヤ&ボリューム出し

手全体をすべらせて顔全体に広げる

25

首筋までしっかりのばし広げて

パーツケア

26

エピステーム アイパーフェクトショットa 18g ￥12100／ロート製薬

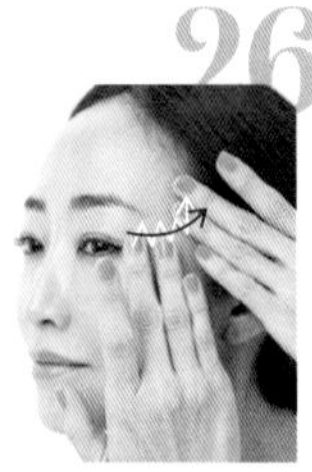

シワが気になる部分はジグザグ塗り

\ あてるだけ /

15

ゴシゴシ禁止!
優しくふき取る

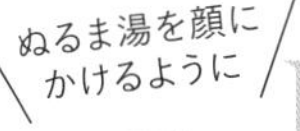

14

ぬるま湯で優しく
泡を洗い流す

13

目まわりと口まわり
は最後に、優しく

12

左右の頬に
たっぷりの泡を

美容液

22

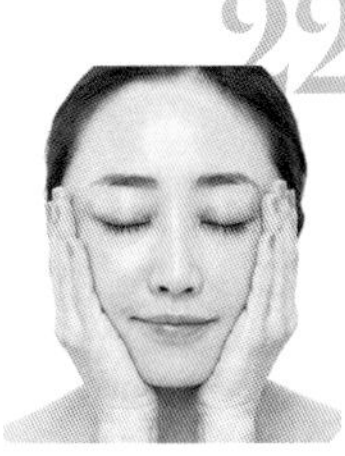

ハンドラップで
じんわり浸透

21

細かい部分も指先で
忘れずに浸透させて

\ 透明感 UP /

20

顔全体に優しく
入れ込む

19

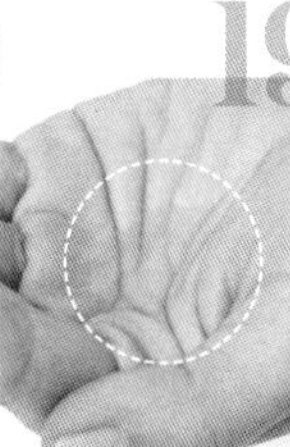

美容液の量は
規定の1.5倍

ホワイトショット
CXS〈医薬部外品〉
25mℓ ￥16500／
ポーラ

\ 朝だけ /

日焼け止め

30

他のステップ同様
ハンドラップを

\ 重ね塗りで
鉄壁ガード /

29

シミ多発ゾーンは
さらに重ね塗り

28

まず5点置きして
顔全体に広げる

27

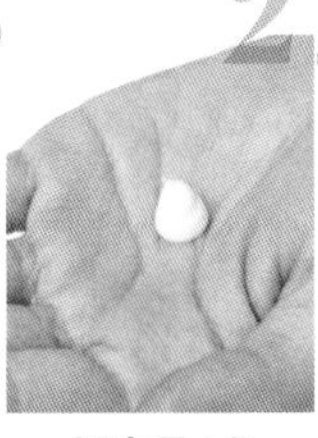

規定量より
少し多めに

リンクルホワイト
UV プロテクター
SPF50+・PA++++ 50g ￥3850／
オルビス

Base Make-up

ベースメイク完全プロセス

うるおい下地

クリアカバー リキッドベース 30mℓ ￥8250／アンプリチュード

1

ちょっと多めに
100円玉サイズ

2

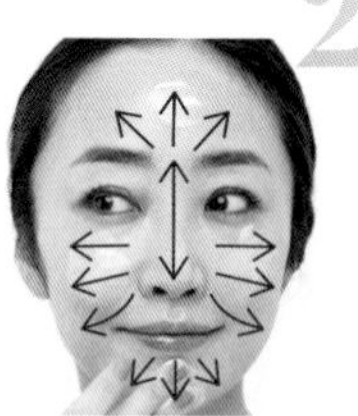

スキンケアみたいに
5点置きして

3

ふっくら
つややかに!

細かい部分にも
忘れずにオン

ファンデーション

7

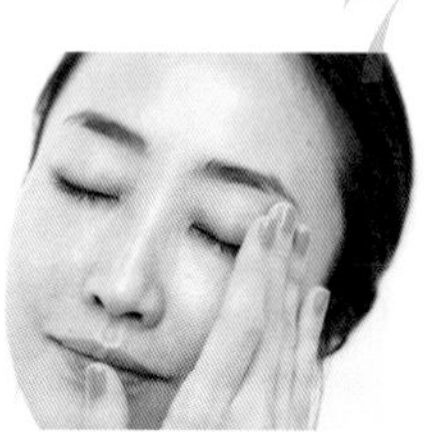

細かい部分も指先で
くまなくなじませる

ルナソル グロウイングシームレスバーム SPF15・PA ++ 全6色 30g ￥6600／カネボウ化粧品

8

少量で
OK!

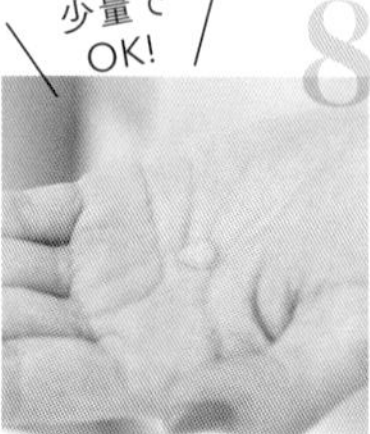

薄膜にするため
小豆粒大に

9

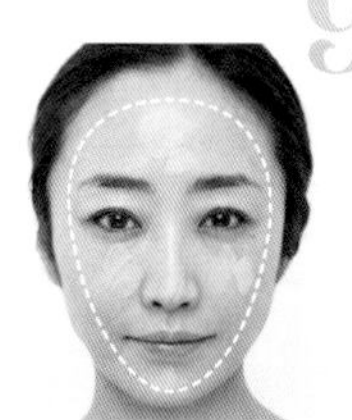

ファンデを置くのは
高さを出したい部分

13

テカリと影が
気になる部分に

14

顔全体に
ふわりとのせる

ツヤが足りないときは

ハンドラップでツヤを再生

肌色補整下地

4

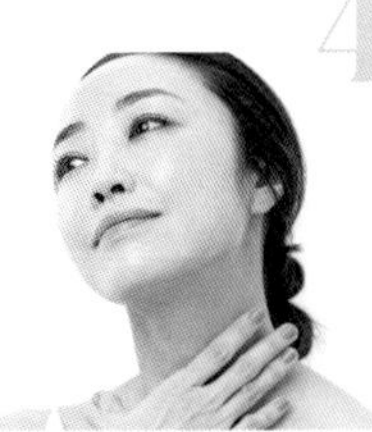

首筋までのばして
色と質感を揃えて

モデリング カラーアップ ベース OR200 SPF25・PA++ 30g ¥4950／エレガンス コスメティックス

5

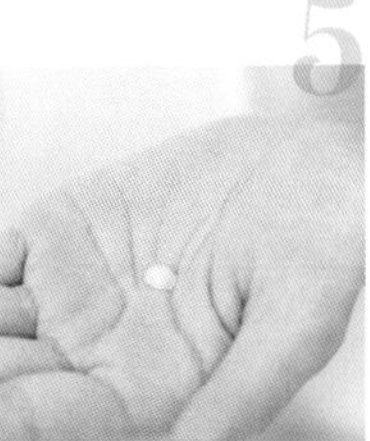

小豆粒くらいの
少量でOK

6

くすみをとる!

両頬、額、鼻筋に
置いてから広げる

パウダー

10

ボリューム出し

顔の内側から外側へ
向かって広げる

＆be ブラックスポンジ ¥770／Clue

11

スポンジを使い
ムラをなくす

エレメンタリー フェイスケアパウダー Ouju 11g ¥9680／ITRIM

12

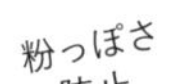

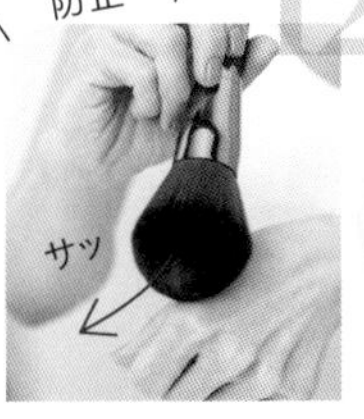

ブラシに粉を
含ませ、払う

ハイライト

15

ディオール バックステージ フェイス グロウ パレット 004 ¥5390／パルファン・クリスチャン・ディオール

立体感を強調

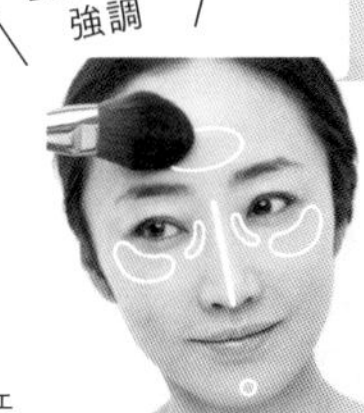

高さを出したい
部分にふわっと

シェーディング

16

キャンメイク シェーディングパウダー 03 ¥748／井田ラボラトリーズ

輪郭補整

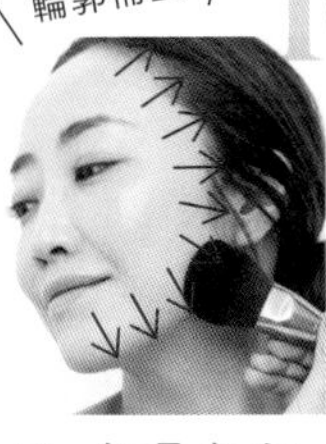

フェイスラインに
うっすらと

17

Finish!

生え際にもぼかして
小顔効果を狙う

Epilogue

「若い人やキレイな人から、〝年をとることは怖くない〟なんて言われたくない」。これが、私が「老ける」というテーマで本を書こうと決めた一言です。

あるブランドのインスタライブでのことでした。私より十数歳年下であろう進行の方から「年齢を重ねることについてどう向き合っているか」と問われ、「私は年をとることを怖いと思ったことは一度もないんですよ」と答えたときに冒頭のコメントは書き込まれました。はっとしました。美容家として「加齢が怖くない」と発信するには、もっと言葉が必要だと。どうして怖くないのか、なにをもってそう言い切るのか。この思いをもっと丁寧にお伝えするべきだと感じたのです。

私は、老いについて不安や怖さを感じたことはありません。あるとしたら、体調により気をつけていかなければいけないとか、息子たちが大人になるまで元気でいなければならない、という健康についての思いです。だからこそ、冒頭の一言は、改めて「老い」を考える大きなきっかけになりました。

私は、どうして年をとることが怖くないのだろうか？　20代の頃から、大人の女性の美しさに心惹かれていました。どう頑張っても真似できない、あのあたたかさ、艶っぽさはどうやったら出せるのだろう？　先を生きる女性の笑顔や佇まいにふれるたびにその理由を探っていたほどでした。そんな美しさを見ながら、若さだけが美しさではないというベースができていたのは確かです。

ですが、私自身が年齢を重ね、中年となったうえで「怖くない、むしろ楽しい」と言い切れるようになった確かな理由は、他にもあります。それは「美容が持つパワー」を実感していることです。これまで、数えきれないほどのアイテムを試し、使う方法を試行錯誤し、自分自身の肌や髪をキレイにする方法や、エイジングを味方につける方法を身につけることができました。これこそが、私が「年々、自分が楽しい」と言い切ることができる大きな理由だと確信しているのです。

確かに、アイロンをぴっちりとかけたようにシワひとつない真っさらな肌はキレイかもしれません。でも、少し色あせ、ところどころに使用感が見える肌。そこには月日を重ねたものにしか出せないぬくもりや、丁寧に心を込めて育てられた愛を感じることができます。そんな肌を「美しい」と思うのです。私たちの美しさはひとつではありません。まもなく46歳になる今、年齢を重ねるごとに「自由になる悦び」を感じています。キレイでいることができたら楽しいけれど、今はキレイでいることより、自分らしくありたい。10年前より、20年前より、今がいちばん自分らしくて楽しいな、と笑っていられる。年々そう思えるようになりました。

きっと、世間の〝若さ信仰〟はまだまだ続くでしょう。「ババァのくせに」。そんな言葉の槍を投げつけられることもあるだろうし、ときに自分の老いと対峙し、心がくもることもあるかもしれない。でも、「せっかくの自分の人生、まずはそんな縛りから自分を解放してあげたい」と思うのです。〝美容〟と名のついたこの本ですが、そっと気持ちが軽くなる、ときには「まだまだいくぞ！」と背中を押す、そんな一冊になれたら幸せです。

最後に、この本にすべてを注いでくださったスタッフのみなさま、私の知っている言葉では言い切れないこの感謝の思いをどうやってお伝えしようかと考え続けています。この本を待ちわびてくださったみなさま、心よりありがとうございます。どんなときもいちばん側で支えてくれる息子たち、そして家族に愛を込めて。

２０２１年10月　　神崎　恵

Cosmetics

アディクション ビューティ……0120-58-6683
アナスタシア ミアレ……06-6376-5599
Amplitude（アンプリチュード）……0120-78-1811
イヴ・サンローラン・ボーテ……0120-52-6333
井田ラボラトリーズ……0120-44-1184
伊勢半……03-3262-3123
ITRIM（イトリン）……0120-15-1106
イプサお客さま窓口……0120-52-3543
イミュ……0120-37-1367
ウエルテック……0120-178049
uka Tokyo head office……03-5843-0429
HFCプレステージジャパン ウエラお客様相談室……0120-30-8168
SK-II……0120-02-1325
MTG……0120-46-7222
エリクシール お客さま窓口……0120-77-0933
エレガンス コスメティックス……0120-76-6995
オーラルケア……0120-50-0418
オルビス……0120-01-0010
カネボウインターナショナルDiv.……0120-51-8520
カネボウ化粧品……0120-51-8520
カバーマーク カスタマーセンター……0120-11-7133
クラシエホームプロダクツ お客様センター……0120-54-0712
クラランス お客さま窓口……03-3470-8545
Clue……03-5643-3551
クレイツ……0120-25-9012
クレ・ド・ポー ボーテ お客さま窓口……0120-86-1982
ケラスターゼ……03-6911-8333
ゲランお客様窓口……0120-14-0677
コスメデコルテ……0120-76-3325
コットン・ラボ……0893-25-5141
資生堂／資生堂インターナショナル お客さま窓口……0120-81-4710
資生堂プロフェッショナル……0120-81-4710
SUQQU……0120-98-8761
THREE……0120-89-8003
セルヴォーク……03-3261-2892
タカミ……0120-29-1714
ディー・アップ……03-3479-8031
NARS JAPAN……0120-35-6686
Nagi……https://nagi-jp.com/pages/contact
パナソニック 理美容・健康商品ご相談窓口……0120-87-8697
ハホニコ ハッピーライフ事業部……0120-80-2511
パルファム ジバンシイ（LVMHフレグランスブランズ）……03-3264-3941
パルファン・クリスチャン・ディオール……03-3239-0618
b-ex……03-6757-7767
ファンケル 美容相談室……0120-35-2222
ファイントゥデイ資生堂……0120-202-166
プロティア・ジャパン……https://livactive.com/contact
ベアジャパン……0120-67-9279
ベレガ……0120-87-7080
ヘレナ ルビンスタイン……0120-46-9222
ポーラお客さま相談室……0120-11-7111
ホリスティックキュアーズ……03-6809-2480
マインドドライブ……0425-590-5466
マキアージュ お客さま窓口……0120-45-6226
松倉クリニック代官山……03-3770-7900
メイクアップフォーエバー……03-3263-9321
メイソンピアソン……mason@ozinter.co.jp
山口ビューティーメソッド……03-6820-8062
ライオンお客様センター……0120-55-6913
ランコム……0120-48-3666
リンガホー……03-5787-6171
ロート製薬（エピステーム）……03-5442-6008
ロート製薬（オバジ）……06-6753-2422
ローラ メルシエ ジャパン……0120-34-3432

Clothes

【表紙、P003、P015、P053、P109、P167】トップス／エブール　ピアス￥37400／エストネーション 六本木ヒルズ店（ブランイリス）**【P004、P021】**タンクトップ／ウメダニット（COZ manufactured by WRAPINKNOT）　ピアス￥28600、リング￥33000／レム　その他／スタイリスト私物　**【P006、P111】**ピアス￥6600／dix　ネックレス￥132000、リング￥49500／エストネーション 六本木ヒルズ店（ブランイリス）**【P009】**トップス／スタイリスト私物　**【P018、P159】**ジレ￥49500／styling/ ルミネ新宿１店（styling/ by kei shirahata）　ピアス￥8800／アビステ　**【P019～】**キャミソール￥16500／フィルム（Sov.）**【P019、P131】**ブラウス￥18700／フィルム（Sov.）　イヤリング￥6300／アビステ　**【P026～P036】**タンクトップ￥15180／フォーティーン ショールーム（オクト）**【P027～P037、P180、P181】**イエロートップス／エブール　**【P038】**ワンピース／エブール　ピアス￥41800／エストネーション 六本木ヒルズ店（ブランイリス）**【P039】**上：パープルワンピース／モクオン（ハイムクンフト）　ネックレス￥41800、ロングコインネックレス￥30800／ホワイトオフィス（GIGI）　リング￥37400、バングル￥50600／エストネーション 六本木ヒルズ店(ブランイリス)　下：ブルートップス／スタイリスト私物**【P042】**ブラウス／フィルム（ダブルスタンダードクロージング）**【P043】**ブラウス／アプレドゥマン（トロワズィエムチャコ）　ネックレス￥99000、イヤリング￥99000、リング￥44000／トーカティブ　**【P044、P045】**パープルトップス／フィルム（ダブルスタンダードクロージング）　ピアス￥26400／レム　**【P045】**白タンクトップ￥19800／エストネーション　イヤリング￥8800／アビステ　**【P046】**ワンピース￥46200／エストネーション（コラム）　ピアス￥6600／dix　**【P047】**ブラウス￥20900／フィルム（ダブルスタンダードクロージング）　ピアス￥5250／アビステ　**【P048】**すべて／スタイリスト私物　**【P050、P051】**ワンピース￥29700／カレンソロジー青山(カレンソロジー)　イヤリング￥3150／アビステ　**【P061】**トップス／スタイリスト私物　**【P079】**ワンピース／スタイリスト私物　肩がけしたニット／エストネーション　ピアス￥35200／エストネーション 六本木ヒルズ店（ブランイリス）**【P163】**トレンチコート￥20350／ノーク（ノーク バイ ザ ライン）　シャツ￥26400、パンツ￥20900／エストネーション　ネックレス￥50600／MAAYA　イヤリング￥17600／フォーティーン ショールーム（イリ ジュエリー）**【P164】**タンクトップ￥8800／カオス丸の内（カオス）　サロペット￥42900／エストネーション（コラム）　肩がけしたボーダートップス￥9790／ノーク（ノーク バイ ザ ライン）　シングルピアス￥41800／MAAYA　**【P165】**ワンピース￥165000／エブール GINZA SIX店（エブール）　バングル￥57200／エストネーション（コンプリーテッドワークス）　ピアス／スタイリスト私物**【P179】**ロングジレ、タンクトップ／エブール　ネックレス[大]￥16800、ネックレス各￥28350／アビステ　ピアス￥63800／ホワイトオフィス（GIGI）　バングル￥69300／エストネーション 六本木ヒルズ店（ブランイリス）　パンツ／スタイリスト私物**【P182】**トップス￥19800／エストネーション

アビステ……03-3401-7124
アプレドゥマン……03-6274-8533
ウメダニット……0250-43-0600
エストネーション……0120-503-971
エストネーション 六本木ヒルズ店……0120-503-971
エブール GINZA SIX店……03-6274-6915
カオス丸の内……03-6259-1394
カレンソロジー青山……03-6419-7899
styling/ ルミネ新宿１店……03-6302-0213
dix……www.dix-online.com
トーカティブ……03-6416-0559
ノーク……03-3669-5205
フィルム……03-5413-4141
フォーティーン ショールーム……03-5772-1304
ホワイトオフィス……03-5545-5164
MAAYA……078-252-1763
モクオン……www.heimkunft.com
レム……www.lemme.tokyo

※掲載アイテムは撮影当時のものため、売り切れの可能性がございます。
予めご了承ください。

神崎恵

MEGUMI KANZAKI

1975年神奈川県生まれ。3人の息子をもつ母。本人が主宰する、ひとりひとりにカスタマイズしたメイクや生き方を提案するアトリエ『mnuit』は、募集開始とともに満席。日常から特別な瞬間まで、女性たちをキレイに導くメソッドを提供する。「VOCE」をはじめとした美容誌を中心に、毎月数多くの雑誌、イベントなどで活躍中。自ら試し、本当にいいと実感できるものだけをすすめるスタイルが世代を問わず支持されており、自身のInstagramのフォロワー数は57万人を超える（2021年9月時点）。

Instagram　@megumi_kanzaki

老けない美容(ふけないびよう)、老ける美容(ふけるびよう)

2021年10月7日　第1刷発行

著者　神崎 恵(かんざき めぐみ)
発行者　鈴木章一
発行所　株式会社 講談社
〒112-8001
東京都文京区音羽2-12-21
電話　編集 ☎03-5395-3469
販売 ☎03-5395-3606
業務 ☎03-5395-3615
印刷所　大日本印刷株式会社
製本所　大口製本印刷株式会社

KODANSHA

ISBN 978-4-06-525806-4

STAFF

PHOTOGRAPHS:
柴田フミコ（人物 COVER,P2-7,15,21,53,79,109,111,167,179）
岩谷優一
（vale.／人物 帯,P9,18-19,26-51,58-77,83-107,120-165,180-187）
高橋一輝（近藤スタジオ／静物）

HAIR:
津村佳奈（Un ami）

STYLING:
石関靖子

ART DIRECTION:
松浦周作（mashroom design）

DESIGN:
堀川あゆみ、高橋紗季、青山奈津美、佐野まなみ、
山田彩子、藤野礼美（mashroom design）

ILLUSTRATION:
ヨシダエリ

MANAGER:
畠田英樹（株式会社ケイダッシュ）、
水口真菜美（株式会社パールダッシュ）

EXECUTIVE PRODUCER:
谷口元一（株式会社ケイダッシュ）

TEXT:
中川知春